L'AVENTURE SUPRÊME

A ma Mère,
sous ses multiples formes

PETER HAYES

L'AVENTURE SUPRÊME

L'expérience du Siddha Yoga

TRADUIT DE L'AMÉRICAIN
PAR JACQUES GONTIER

J'AI LU
NEW
AGE

SOMMAIRE

AVANT-PROPOS

Nous vivons, pour la plupart, avec une impression de promesse non accomplie, poursuivant des buts qui sans cesse nous échappent, conscients de nos possibilités, mais incapables, malgré tous nos efforts, de les exprimer pleinement dans nos activités ou notre vie affective. Certains s'épanouissent davantage que d'autres, mais reconnaissons-le, bien peu parmi nous peuvent dire qu'ils sont parvenus exactement à ce dont ils rêvaient.

Ce livre nous présente la voie du véritable devenir, où s'accomplit la promesse qui est en nous et où les rêves deviennent réalité. C'est un livre, comme le dit l'auteur à la première page, où il est question de l'aventure suprême, de la quête ultime, du voyage d'où l'on revient transformé.

Le chemin spirituel existe depuis l'aube des temps. Mais on le considère généralement comme réservé à quelques rares individualités, à certains personnages hors du commun : les mystiques ou les saints capables de se soumettre à une ascèse rigoureuse et pénible. Nous n'imaginons pas que ce voyage intérieur puisse nous être accessible, et encore moins qu'il soit un impératif. Les buts auxquels nous aspirons, les qualités que nous admirons et voudrions posséder, l'épanouissement que nous recherchons, seule une quête intérieure authentique pourra nous les offrir, comme en témoignent tous ceux qui eurent accès à ce potentiel infini d'énergie sommeillant au fond de l'être humain. Le problème, c'est que pour la majorité d'entre nous, ce pays intérieur demeure plongé dans l'obscurité et que les cartes qui en ont été dressées à travers les âges présentent d'énormes différences. Certaines sont fiables, d'autres terriblement trompeuses. Certaines nous entraînent à travers les marécages et les sables mouvants; d'autres le long de belles routes droites passant sur les hauteurs.

C'est en cela que l'ouvrage de Peter Hayes est précieux. Il nous décrit, d'une manière précise et directe, l'une des voies les plus anciennes et les plus efficaces conduisant à l'épanouissement. Maniant l'humour et une faculté peu commune de percer comme un laser les couches d'obscurantisme mystique, Hayes nous offre un manuel des secrets intérieurs, examinant le pourquoi et le comment de la vie intérieure d'une façon extrêmement claire, pratique et immédiate.

Hayes nous fait partager son propre voyage intérieur. Au moment d'entreprendre cette aventure, il était écrivain, vivait à New York, et venait de dépasser la trentaine. C'était quelqu'un dont l'amour pour le travail bien fait et les passe-temps intelligents lui permettaient d'oublier ses problèmes personnels, et dont l'intérêt pour la spiritualité était essentiellement d'ordre intellectuel. C'est alors qu'il rencontra Swami Muktananda, ce grand saint de l'Inde qui éveilla l'énergie spirituelle chez de nombreuses personnes. L'éveil qui se produisit chez Hayes fut particulièrement spectaculaire; il se retrouva bientôt explorant des mondes intérieurs dont il n'avait jamais soupçonné l'existence et découvrit en lui des facultés qu'il ne se connaissait pas. Il comprit que le secret de cet épanouissement, c'était *Shaktipat*, une grâce, un pouvoir spirituel, transmis de Maître à disciple. Cette transmission marqua le point de départ de sa relation avec Baba Muktananda, puis avec le successeur spirituel de celui-ci, Gurumayi Chidvilasananda. C'est cette relation, nous dit Hayes, qui constitue la véritable clé de cet extraordinaire processus de développement intérieur dont il parle. En suivant les enseignements immémoriaux et les directives journalières de ces deux grands saints, Hayes s'ouvrit au flux continu de leur énergie spirituelle, et cette transmission lui permit d'accéder à des états de conscience qu'il n'aurait jamais pu atteindre seul.

Cette relation fut pour lui une leçon d'obéissance, où il apprit à se conformer aux instructions du Maître et aux directives intérieures de l'énergie spirituelle. Et, comme ce livre le montre bien, elle lui a permis de se découvrir et de découvrir le monde sous un jour entièrement neuf; il éprouva une plénitude, une certitude, qui elles, ne s'apprennent pas, mais se vivent au contact du Maître.

Hayes ne se contente pas de nous raconter sa propre histoire, car son ouvrage n'est pas une autobiographie; c'est le récit d'une découverte qui, souligne-t-il, est accessible à tous ceux qui le désirent vraiment. Il nous conduit pas à pas le long du chemin, à travers les expériences qui suivent l'éveil initial. Il explique également les différentes étapes de la méditation et la dynamique de la relation maître-disciple.

Relevons, parmi les passages les plus touchants, ceux qui évoquent l'atmosphère exceptionnelle régnant autour de Gurumayi Chidvilasananda; en sa présence, Hayes ressentit un courant tangible d'amour et de liberté. C'est cet amour, cette liberté, qui constituent le but du voyage spirituel.

Avec une grande simplicité et beaucoup de conviction, Peter Hayes nous révèle ce que peut apporter l'expérience de cet amour parfait et ce qui se passe tandis que l'on emprunte la voie qui mène vers lui.

Swami Durgananda
South Fallsburg, New York
le 17 septembre 1987

PRÉFACE

Le Siddha Yoga est la voie éternelle.

Le fruit n'est pas différent de l'arbre, et de même le Siddha Yoga est à la fois le moyen et le but. Il est à la fois le voyage et sa destination.

Siddha signifie « devenu parfait » et yoga « unir ». Le Siddha Yoga est la perfection de l'unité.

C'est une voie qui a toujours existé, indépendamment de toute secte ou de toute religion. Elle se suffit à elle-même, car elle est parfaite. D'innombrables chercheurs ont pu, grâce à elle, réaliser leur propre Soi, puis en transmettre la sagesse à ceux qui voulaient découvrir le but de la vie et la suprême Réalité.

Si cette voie est ouverte à tous, il n'est pas conseillé de s'y lancer aveuglément. Dans le Siddha Yoga, le chercheur reçoit la grâce et les directives d'un être qui a obtenu l'illumination en empruntant cette voie. On lui donne le nom de Guru.

Le Guru dissipe l'ignorance dans laquelle le chercheur est plongé et donne à ce dernier une expérience de la suprême Réalité. Au moyen de Shaktipat, le Guru transmet au chercheur sa propre énergie spirituelle, pleinement active, ce qui a pour effet d'éveiller celle du chercheur, la *kundalini*; c'est alors que commence à se développer le processus du Siddha Yoga.

Au moment où, par la grâce du Guru, sa kundalini s'éveille, le chercheur fait l'expérience spontanée de sa nature divine. Alors qu'il vivait jusqu'ici dans l'obscurité d'une conscience limitée, l'intervention du Guru lui fait prendre conscience de sa nature divine; il cesse de se considérer comme un être limité, isolé; il voit qu'il n'est pas différent de la suprême Réalité, la source de vie universelle.

Grâce au Siddha Yoga, la perfection dans l'unité, le chercheur découvre sa relation avec ce Dieu qui l'habite. Jésus a dit : « Le royaume de Dieu est au-dedans de vous. » A notre époque, Swami Muktananda, qui fut le propagateur du Siddha Yoga, disait : « Dieu demeure en vous, Il est vous-même. » Tout au long de l'histoire, les saints n'ont pas cessé de répandre cette vérité : ce que vous cherchez se trouve en vous-mêmes.

Seule la grâce du Guru permet d'obtenir la sagesse ultime. Néanmoins, le Siddha Yoga offre certaines techniques qui aident le chercheur à s'intérioriser, entre autres, la contemplation, la répétition d'un mantra et la méditation. En complément, le chercheur est encouragé à travailler de manière désintéressée, à fréquenter ceux qui se sont consacrés à la Vérité, à lire des ouvrages inspirés et à cultiver la modération en conservant son énergie physique et mentale.

Le Siddha Yoga est le yoga de la grâce. Pour recevoir la grâce, aucune préparation n'est nécessaire. Tout le monde dit qu'il faut être digne de recevoir la grâce, mais être digne signifie savoir accueillir la grâce, qui est déjà présente en vous. Les textes disent que le Guru, par un regard, une parole, un contact physique ou par sa volonté, peut éveiller l'énergie intérieure du chercheur et lui communiquer ainsi une expérience directe de son propre Soi. Beaucoup de gens croient pouvoir se dispenser d'un Guru ou d'une voie spirituelle, et parvenir seuls à l'illumination. Mais songez donc combien il serait difficile de devenir un grand cuisinier sans recevoir aucune formation, sans utiliser de casseroles ou de nourriture ! Un tel chef resterait seul dans son coin, incapable de préparer le moindre repas.

Un Guru qui a déjà parcouru une voie, qui est parvenu au but fixé, peut éliminer l'orgueil qui empêche le chercheur de découvrir sa nature divine.

Tout semble beau aux yeux de celui qui est amoureux, mais il s'agit là d'une expérience passagère et limitée. De même, quand votre énergie divine se trouve éveillée, tout vous semble merveilleux. Le monde entier devient facile à accepter. Et c'est une expérience qui ne prend *jamais* fin.

Le Siddha Yoga enseigne que le corps est le temple et l'âme la flamme brûlant à l'intérieur. Ainsi donc, suivre le Siddha Yoga, par la grâce du Guru, c'est suivre son propre Soi. On finit par s'apercevoir qu'il n'y a aucune différence entre le Guru extérieur et le Guru qui se manifeste intérieurement. Comme le Guru n'est pas un simple corps physique, mais l'incarnation de l'énergie divine, sentir en nous sa présence produit des miracles aussi bien dans notre vie intérieure qu'extérieure, et finit par unifier ces deux niveaux. Que de prodiges accomplit le Guru! Quelle grâce extraordinaire!

On demeure disciple d'un tel Guru jusqu'au jour où il vous dit : « Tu es parvenu au but. A présent, je veux que tu deviennes Guru. » A partir de ce moment, on est tenu de suivre ce commandement et d'adopter le mode de vie correspondant.

Mon Guru, Swami Muktananda, qui, à notre époque, révéla au monde le Siddha Yoga, avait un message très simple à transmettre :

Méditez sur votre Soi. Honorez votre Soi.
Respectez votre Soi. Inclinez-vous devant votre Soi.
Dieu demeure en vous; Il est vous; il est pour vous.

Alors, au nom de l'Amour suprême, mettez ce message en pratique. Accomplissez toutes choses avec amour, car le Siddha Yoga, c'est aussi le yoga de l'amour divin.

Gurumayi Chidvilasananda
Ganeshpuri, Inde
Le 27 janvier 1987

INVOCATION

Le monde est le jeu de Chiti, ma prodigieuse Mère.
Il est Sa danse, Son chant, Son rêve, Sa vision.
Dire qu'il met sur Elle un voile me semble abusif.

Le cri du nouveau-né masque-t-il son existence?
Les exploits du héros diminuent-ils sa gloire?
La beauté d'une femme la fait-elle passer inaperçue?
L'œuvre de l'écrivain nuit-elle à son renom?

De même, loin de La dissimuler,
Le monde révèle la Divinité.
Comment pourrait-il en être autrement?
Santé et maladie, pertes et profits,
Plaisir et douleur, c'est Elle.
Elle revêt la forme des êtres humains,
Et celle des montagnes, des nations, des cours d'eau,
Des femmes et de la pluie.

Elle est celui qui voit et les objets perçus,
Et quand rien n'est perçu, l'ignorance, c'est Elle aussi.

Elle est cette route que jamais vous n'emprunterez,
Ces collines qui se dressent dans un pays où vous
[n'irez jamais,
Le miroir brisé,
Qui plus jamais ne reflétera votre visage.

Elle est tout ce qui est et n'a jamais été,
Le noble et le vil,
Le bon et le mauvais.

(Elle est votre fils délinquant,
Votre cœur brisé, Señor,
La chambre que vous louez.)

Les images que renvoie le miroir ne sont pas diffé-
                                    [rentes de lui.
Le rêveur n'est pas différent de son rêve.
Ainsi ce monde n'est-il point différent de sa Mère.
Il est Sa danse, Son chant, Son rêve, Sa vision;
Vision intense, où se marient le feu et la félicité!

Namdev dit :
Voici, Gurumayi, ce que tu m'as montré :
Il ne ressemble à rien, ce monde,
Si ce n'est à un portrait de Dieu!

INTRODUCTION À LA VOIE DES SIDDHAS

Un héros part pour une grande aventure. Il rencontre un sage qui lui remet formules ou armes magiques et, muni de ces nouvelles armes, il poursuit son expédition qui le mène au pays des fées, dans un château enchanté ou dans quelque lointaine contrée. Il entreprend alors d'arracher à ses ravisseurs une jeune fille, un trésor inestimable ou un saint Graal. Au cours de sa quête, il découvre des merveilles inouïes et affronte aussi toutes sortes de monstres. Mais grâce à la pureté de son cœur et au pouvoir du sage, il tue le dragon, récupère le trésor et revient chez lui avec son précieux butin.

Telle est l'histoire préférée des hommes. L'écrivain que je suis fut stupéfait de constater qu'elle formait la trame des contes et des mythes se rattachant aux traditions et aux époques les plus diverses. Le héros s'appelle tantôt Lancelot et tantôt Luke Skywalker. Dans d'autres récits, il a pour nom Jésus, Krishna, Moïse, Sinbad ou Gilgamesh. C'est autour de ce thème que sont construits *L'Iliade* et *L'Odyssée*, *La Divine Comédie* de Dante, *Les Aventuriers de l'Arche perdue*, et le jeu *Donjons et Dragons*. L'attrait exercé par cette fable et son mérite particulier sont dus au fait qu'elle peut être perçue à plusieurs niveaux différents : soit comme un simple récit d'aventures, soit comme la description d'un voyage spirituel.

Dans cette dernière perspective, le royaume lointain, le pays sous les eaux, ce sont les profondeurs de notre âme, cette terre inconnue dont les entrailles recèlent des énergies primordiales et des pierres miraculeuses, qui conduisent l'imprudent à la folie et font la fortune du brave. Car si ce voyage est dangereux, sa récompense est fabuleuse. Dans certains contes, c'est le secret de l'immortalité, dans d'autres, la perle de grande valeur. Quiconque s'avère capable de descendre dans ce royaume enchanté, de s'emparer du trésor et de le ramener dans le monde extérieur est sans conteste un héros ou une héroïne!

J'ai passé des années à rêver d'une telle aventure, mais de guerre lasse je finis par abandonner ce rêve puéril. Les trésors enfouis et les royaumes enchantés font partie des contes de fées, et les héros qui s'en rendent maîtres n'existent pas dans la réalité.

Et pourtant, comme tous ceux qui désespèrent en silence, j'avais l'impression que cette vie avait bien autre chose à m'offrir, qu'il y avait en moi un trésor perdu, un vaste potentiel cherchant de toutes ses forces à se libérer et avec lequel, malheureusement, je ne parvenais pas à établir le contact. Tolstoï raconte l'histoire de cet estropié réduit à la mendicité qui vivait sur un minuscule lopin de terre. Il était si pauvre qu'à sa mort les villageois l'enterrèrent sur place. Tandis qu'ils commençaient à creuser sa tombe, ils mirent au jour une fabuleuse cache de pièces d'or. Le malheureux avait littéralement passé sa vie sur une mine d'or, mais ne s'en était jamais aperçu.

Je n'étais pas tout à fait dans le même cas : je savais parfaitement qu'il y avait en moi un trésor caché, mais j'ignorais par quel moyen m'en emparer.

Et puis un beau jour, en novembre 1979, je fis la connaissance d'un grand Siddha Guru, Swami Muktananda. Ce même mois, dans son principal discours prononcé à Boston, lors de la conférence internationale de psychologie transpersonnelle, Muktananda confirma l'existence du trésor dont je soupçonnais l'existence mais que je n'avais pas encore découvert. Voici ce qu'il déclara :

Vous n'êtes pas simplement ce que vous croyez être; vous êtes plus sublimes, bien plus extraordinaires. En vous se trouve une grande lumière, une lumière divine, et un vaste univers qui mérite d'être découvert. C'est un monde sublime. En comparaison, le monde extérieur n'est rien. Vous percevrez une merveilleuse musique intérieure, des mélodies divines. Vous éprouverez une incroyable félicité, une incroyable joie, vous sentirez une flamme divine. Plus vous plongerez profondément en vous-mêmes, plus cet univers se dévoilera. Quand vous découvrirez cette joie intrinsèque, vous l'éprouverez aussi dans le monde extérieur. Alors, apprenez à vous intérioriser, ce qui amène à méditer. La méditation n'est pas une simple technique spirituelle. C'est la pratique de la joie. Elle apporte véritablement l'allégresse dans votre vie. Elle purifie toutes vos actions. Elle nous rend heureux de vivre en ce monde. Il ne s'agit pas d'une religion. Il ne s'agit pas d'un parti politique. Le fait de s'intérioriser et de percevoir son propre Soi n'est contraire à aucune religion. Vénérez votre Soi. Inclinez-vous devant votre Soi intérieur. Faites connaissance avec votre Soi. Dieu demeure en vous, Il est vous-mêmes.

Je n'exagère pas en disant que les paroles de Muktananda me firent l'effet d'une décharge électrique : elles m'ouvrirent de nouveaux horizons et mirent fin à mon sentiment d'oppression. A l'instant même, quelque chose en moi se débloqua et une immense joie envahit mon cœur. Ce bonheur, je le voyais bien à présent, ne m'avait jamais quitté. Muktananda ne me l'avait pas insufflé; il n'avait fait qu'enlever la saleté qui recouvrait ce trésor.

Ce qui paraissait plus extraordinaire encore, c'est que je reconnaissais en Swami Muktananda – un moine indien de soixante et onze ans – ce héros que j'avais toujours voulu devenir. Cet homme-là avait consacré sa vie au voyage intérieur et, après trente-cinq ans de pratiques spirituelles des plus ardues, il avait remporté la victoire. Celle-ci avait des conséquences évidentes. Si Muktananda n'avait pas à proprement parler d'auréole, je compris cependant pour la première fois pourquoi les saints sont représentés de cette manière. Il émanait de lui une énergie inouïe. En sa présence, je me sentais transparent, épanoui, apaisé. Voilà quelqu'un qui régnait en maître sur son royaume intérieur, un guerrier spirituel qui avait livré bataille à ses ennemis intérieurs et en avait triomphé. Le résultat? Dire qu'il avait trouvé le bonheur serait un euphémisme. Avec lui ce terme prenait un sens nouveau.

Un soir, à Santa Monica, éclata un coup de tonnerre d'une incroyable violence, juste au-dessus de l'endroit où il parlait. Instinctivement, tout le monde baissa la tête. Tout le monde, sauf Muktananda. Il ne sourcilla même pas. Après l'incident, il fit simplement une remarque sur la puissance du coup. Je me dis alors qu'une telle équanimité ne pouvait être feinte; sa joie était inébranlable. Rien ne pouvait la perturber. Il était parvenu en un lieu intérieur auquel ni la douleur ni la peur n'avaient accès. Il avait découvert la perle de grand prix, il avait découvert la joie de son propre Soi. Il dit à ce sujet : « Ce bonheur est total, il transcende les sens. Il ne dépend d'aucune source extérieure. Ce bonheur est permanent, indestructible. Jamais il ne s'altère. »

Mais ce qui se révélait encore plus intéressant, c'est que Muktananda, après être parvenu au terme de son voyage, en ce lieu où règne une joie absolue, s'offrait à guider tous ceux qui étaient tentés par ce même voyage. Certes, disait-il, menée en solitaire, une telle quête pouvait s'avérer dangereuse, mais elle pouvait aboutir rapidement et sans difficulté avec l'aide de quelqu'un ayant atteint le but et connaissant le chemin.

C'est ce qu'on appelle, dans le yoga, un Siddha Guru, un maître qui a réalisé le Soi. Muktananda avait été lui-même guidé par son propre maître, le grand Siddha Guru Bhagavan Nityananda.

Cette voie du Guru est aussi vieille que le monde et s'est perpétuée jusqu'à nous par l'intermédiaire d'une lignée ininterrompue de maîtres Siddhas. Parce que le succès de l'entreprise dépend de la grâce et des directives d'un Siddha, d'un être illuminé, ce chemin est appelé Siddha Yoga.

Les *Upanishads*, un ensemble de textes sacrés hindous parmi les plus anciens et les plus vénérables, en parlent en ces termes : « L'état suprême, qui dans certaines voies est le résultat d'une ascèse extrêmement sévère, s'obtient sans difficulté en suivant la voie des Siddhas*. » De plus, le but à atteindre se trouvant en nous, ce chemin ne requiert pas un retrait du monde, ni l'abandon de la vie familiale ou professionnelle. Le Guru de Muktananda lui dit un jour à ce propos : « Ton

* La référence des notes pour cette introduction ainsi que pour les chapitres suivants se trouve en fin d'ouvrage (*N.d.l'E.*).

cœur est le centre autour duquel gravitent tous les lieux saints. C'est là que tu dois te rendre. »

Ainsi donc, me remettant entre les mains de Muktananda, je m'engageai résolument sur la voie des Siddhas. Et, à ma grande surprise, dès que je commençai à m'intérioriser, ma vie extérieure se modifia d'une manière spectaculaire. Depuis treize ans, j'étais ce qu'on appelle un grand fumeur; eh bien, cette mauvaise habitude me quitta du jour au lendemain. Ma santé, mon caractère, mes rapports avec les autres, et même ma production littéraire, s'améliorèrent. Parallèlement, la méditation commençait à me dévoiler certains aspects de ce royaume intérieur, en particulier les lumières et les sons. De telles expériences me faisaient comprendre que je n'étais pas celui que je croyais être. J'étais infiniment plus beau. Et ceci ne provenait pas simplement d'une exaltation de l'ego, car je commençais également à sentir que tout le monde, l'univers entier, possédait cette même grandeur, cette même beauté.

Et puis, en octobre 1982, Swami Muktananda décéda. Avant de quitter ce monde, il transmit les pleins pouvoirs à une jeune moniale, parvenue grâce à lui au point culminant du périple intérieur : il fit d'elle un Siddha Guru et l'héritière de l'immortelle lignée des Siddhas. Depuis lors, cet être merveilleux, Swami Chidvilasananda, est devenu mon guide et instructeur.

Alors que chacun peut bénéficier de la présence et de l'enseignement d'une telle personne, on peut se demander : quelle est l'utilité d'écrire un livre tel que celui-ci ? A quoi bon allumer une lampe tandis que le soleil brille ? La réponse est simple : c'est que le soleil incite la lampe à offrir sa lumière.

Ce livre est un plan du royaume intérieur et de la voie des Siddhas qui conduit en son cœur. Il ne donne qu'un aperçu, un avant-goût de l'aventure elle-même, il ne prétend pas la remplacer. N'étant pas moi-même parvenu au terme de ce voyage, je dois m'en remettre au témoignage de ceux qui l'ont accompli : les maîtres de la tradition Siddha, en particulier Swami Muktananda et Swami Chidvilasananda, respectueusement appelés ici *Baba*, Père, et *Gurumayi*, titre honorifique qui signifie « emplie du Guru ». De temps à autre, je me suis référé à des saints appartenant à d'autres traditions afin de trouver chez eux confirmation de certaines expériences intérieures et de bien montrer le caractère non sectaire de ce royaume : l'univers intérieur, comme l'univers extérieur, appartient à tout le monde.

La première partie de ce livre expose les enseignements du Siddha Yoga tandis que la seconde traite des pratiques, celle entre autres de la méditation, qui fait l'objet de directives précises.

J'emploie parfois le sanskrit. Ce n'est pas pour mystifier le lecteur, mais pour rendre les choses plus claires. Comme dans n'importe quelle discipline, il faut ici maîtriser un certain vocabulaire. Si j'écrivais par exemple un ouvrage de médecine, je pourrais parler de cet « instrument qui permet de voir les microbes » ou employer le terme de microscope. Mais il y a aussi une autre raison à cela. De même que la langue des Esquimaux possède, dit-on, une centaine de mots pour désigner la neige, le sanskrit, quant à lui, est la langue du yoga et de la méditation; des termes comme yoga, mantra, Siddha et Guru n'ont pas d'équivalents exacts dans les autres langues. Mais toutes les fois qu'un tel mot est utilisé, je le définis soit dans le texte, soit dans le glossaire qui figure en fin d'ouvrage.

Ce livre est donc l'histoire d'une aventure, dont vous et moi, cher lecteur, sommes le héros ou l'héroïne. Le trésor qu'il nous faut découvrir est notre Soi intérieur. Le pays où il se trouve, ce sont les profondeurs de notre être. La méditation est notre tapis volant; le Siddha Guru notre sage et fidèle guide; la formule qui nous protégera est le mantra *Om Namah Shivaya*.

S'embarquer dans ce voyage est l'aventure suprême. Face aux merveilles de ce royaume intérieur, toutes les merveilles extérieures se trouvent éclipsées.

PREMIÈRE PARTIE

LA VISION DU YOGA

A La Nouvelle-Orléans, durant le premier séjour de Gurumayi Chidvilasananda en Amérique, quelqu'un me demanda : « Qu'est-ce qui vous a attiré vers la philosophie orientale? »

La réponse qui jaillit me surprit moi-même : « Je me fiche éperdument de la philosophie orientale. Je voulais être heureux, voilà tout. Pour cela, je suis prêt à adopter n'importe quelle philosophie, viendrait-elle de la lune! »

Ma réaction, si extrême soit-elle, n'a rien d'exceptionnel. En Occident, le simple mot « philosophie » a le don de faire fuir pas mal de gens, à juste titre d'ailleurs. La philosophie est bien souvent quelque chose d'aride et de pédant, sans grand rapport avec la vie ou avec notre expérience. Le terme de philosophie évoque aussitôt en nous l'image d'un Grec vêtu d'une toge, ou d'un Européen au front creusé de rides, fumant la pipe dans son fauteuil à une heure avancée de la nuit, perdu dans ses pensées.

Mais dans certains pays orientaux, la philosophie désigne autre chose. La philosophie du yoga est appelée *darshana*, ce qui, au sens littéral, veut dire « vision », quelque chose que l'on *voit*. Ici, la pensée n'intervient guère. Il ne s'agit pas d'un système élaboré par le cerveau, mais d'une découverte, d'une expérience intérieure. Kabir (1435?-

1518), un grand saint-poète de la tradition Siddha, écrit :

Ce dont parle Kabir, il l'a vécu.
Ce qui n'a pas été vécu ne saurait être authentique[1].

L'UNIVERS INTÉRIEUR

Les exposants du yoga n'étaient pas des philosophes de salon, mais des gens actifs, ayant le sens pratique. Ils savaient que la meilleure philosophie demeure lettre morte si elle n'est pas appliquée dans la vie quotidienne. Leur intention n'était pas non plus de promouvoir leur théologie préférée. En parcourant les ouvrages de maîtres comme Patañjali (vers 200 avant J.-C.), les sages du Cachemire (vers l'an 1000 après J.-C.) ou Swami Muktananda (1908-1982), on est frappé par la modernité – ou plutôt l'intemporalité – de leurs vues. Ils adoptent une position scientifique et non religieuse. Leurs paroles ne sont pas un bréviaire de ce qu'ils *croient*, mais un récit de ce qu'ils ont *vu* et *entendu*, comparable à un journal de bord. La seule différence, c'est que ces explorateurs spirituels effectuent un voyage intérieur : leur laboratoire, c'est le corps humain; leur microscope, c'est la méditation; l'objet de leurs études, c'est leur Soi intérieur.

Les vérités qu'ils ont découvertes au cours de leurs voyages intérieurs sont des vérités à l'échelle humaine, universelles. Les qualifier d'« orientales », c'est qualifier d'« occidentales » les lois de la gravitation. Les lois physiques sont universelles et tout aussi valables aujourd'hui à Tōkyō ou à Bombay qu'elles l'étaient dans l'Angleterre de Newton. De même, les principes métaphysiques découverts par les sages de l'Inde peuvent tout aussi bien trouver leur application dans l'Amérique ou l'Australie du XXᵉ siècle que sur les rives de l'Indus, voilà cinq millénaires.

En outre, ces scientifiques du yoga ne nous demandent pas d'accepter leurs déclarations les yeux fermés. L'authenticité de leurs découvertes, précisent-ils, peut être vérifiée par tous ceux qui décideront d'entreprendre ce voyage intérieur.

Comme vous pourrez en juger, les textes suivants, s'étalant sur une période de trois mille ans et composés par des sages se rattachant à des traditions différentes, offrent de remarquables similitudes :

« Si vaste que soit l'univers extérieur, l'univers intérieur, situé dans le lotus du cœur, ne lui cède en rien. Il contient ciel et terre, la lune, le soleil, l'éclair et les étoiles... En [ce monde] se trouve un lac dont l'eau, semblable à du nectar, rend ivre de joie celui qui l'absorbe. Tout près de là se dresse un arbre d'où s'écoule le suc d'immortalité[2]. » Ainsi s'expriment les *Upanishads* védiques, dans les années 500 avant J.-C.

Deux mille ans plus tard, le saint-poète Kabir écrit : « Pourquoi errer dans le jardin extérieur, alors qu'en vous il s'en trouve un autre, un univers infini... On y voit briller la lumière éclatante d'un million de soleils et de lunes réunis... On peut y boire l'hydromel qui s'écoule du lotus du cœur et rend ivre de joie... L'espace tout entier est rempli d'une musique qu'aucune corde ni aucun doigt ne produit[3]. »

Cinq cents ans après Kabir, Baba Muktananda conseille : « Allez dans ce pays où résonnent des mélodies divines, où s'écoule un nectar délicieux, ce pays où brille une lumière apaisante, plus éclatante cependant qu'un million de soleils[4]... »

27

Il ne s'agit pas là de philosophie, mais d'expérience humaine. C'est une invitation à découvrir le Soi. Et l'on ne peut dire qu'elle appartient à une secte ou à une religion, au passé ou au présent, à l'Orient ou à l'Occident.

C'est pourquoi j'ai intitulé cette première partie non pas « la philosophie du yoga », mais le darshana, la « vision » du yoga.

LE YOGA

« L'Orient est l'Orient, l'Occident est l'Occident, et jamais les deux ne se rencontreront », disait Kipling, mais en fait Inde, Europe et Moyen-Orient plongent leurs racines dans une culture commune. Le mot yoga en est un excellent exemple. En sanskrit il signifie « union » et provient de la même racine indo-européenne que le français « joug », car le but du yoga est de s'accoupler, de s'unir avec la source de notre être, qu'il nomme le Soi.

Selon Swami Muktananda, le yoga remonte à l'aube des temps. « Le Siddha Yoga n'a pas changé depuis des milliers d'années... Il y avait en ces temps-là des yogis et des sages qui s'étaient affranchis du mental; le Siddha Yoga est le fruit de leur ascèse et de l'état de perfection auquel ils parvinrent. Le Siddha Yoga est la somme de leurs enseignements; ces grands êtres connaissaient l'ultime Vérité et s'étaient unis à Shiva, la Conscience divine omniprésente[5].

L'archéologie moderne, de son côté, semble confirmer les propos de Muktananda quant à l'existence de cette voie dès la plus haute Antiquité. L'image de yogis en méditation et celle de Shiva, le Seigneur du Yoga selon la tradition, étaient gravées sur des sceaux découverts à

Mohenjodaro et datant, d'après la méthode du carbone radioactif, de l'an 2500 avant J.-C. On a exhumé en Yougoslavie un corps enterré en posture de lotus 6000 ans avant J.-C.! En 1982, Swami Muktananda fut enterré en Inde dans cette même posture. Ces huit mille ans de continuité – « depuis l'aube des temps » – font incontestablement du yoga la plus ancienne tradition spirituelle du monde[6].

LES HUIT YOGAS TRADITIONNELS

On peut donc définir le yoga comme l'union avec le Soi et les pratiques qui mènent à cette union. Il existe traditionnellement huit formes de yoga. Le *Hatha Yoga*, le plus connu en Occident, utilise des postures et des mouvements physiques afin d'apaiser l'esprit et de purifier le corps, nous amenant ainsi jusqu'à l'union avec le Soi intérieur. Le *Jnana Yoga* cherche à obtenir cette union au moyen de l'étude et de la contemplation, tandis que le *Raja Yoga* met l'accent sur l'action juste, les austérités et la méditation. Le *Bhakti Yoga* est la voie de l'amour et de la dévotion; le *Mantra Yoga* vise à obtenir cette union au moyen du son, et utilise la psalmodie de formules et de textes sacrés, ainsi que la répétition des noms divins. Le *Karma Yoga* poursuit le même but au moyen du travail désintéressé. Dans le *Kundalini Yoga* et le *Laya Yoga*, on éveille l'énergie spirituelle intérieure, puis on la fait monter à travers les différents *chakras* ou centres spirituels subtils.

Dans tous ces yogas, le chercheur s'appuie sur ses facultés et sa volonté personnelles, ce qui rend son succès pour le moins aléatoire. Certaines postures de Hatha Yoga, par exemple, peuvent se révéler néfastes si elles sont mal exécutées, et l'énergie intérieure, éveillée de force, peut provoquer des catastrophes. C'est la raison pour laquelle les Ecritures disent que la voie du yoga est plus affilée qu'une lame de rasoir. Suivre cette voie, dit encore un poète indien, c'est vouloir mâcher des billes d'acier.

LE SIDDHA YOGA

Il existe toutefois un autre yoga qui ne dépend pas des facultés limitées ou des pouvoirs mentaux du chercheur. Dans cette voie, un Siddha, un maître-yogi, active l'énergie spirituelle latente du disciple en lui transmettant la sienne. Une fois cet éveil intérieur accompli, les huit yogas traditionnels se manifestent d'eux-mêmes en fonction des besoins intérieurs du chercheur, menant peu à peu celui-ci vers un état de perfection spirituelle.

Ce yoga recèle de pures merveilles[7]. Le nouvel initié peut se mettre spontanément à exécuter des postures yoguiques ou tomber sans effort en méditation profonde. Il peut se sentir envahi par l'amour divin ou saisir en un éclair certaines vérités d'ordre spirituel. Il peut se mettre à prononcer des mantras qu'il n'avait encore jamais entendus, à composer des œuvres de caractère spirituel ou à servir l'humanité, en fonction de l'inspiration reçue.

Parce qu'elle inclut les huit yogas traditionnels, cette voie est parfois appelée *maha yoga*, le « grand yoga ». Certains textes la baptisent *devayana pantha*, « la voie des dieux ». Ce grand yoga, qui est à l'origine de tous les autres, est aussi connu sous le nom de Siddha Yoga, car c'est par la grâce d'un Siddha Guru qu'il se manifeste. Quand on s'abandonne à un tel Guru, ce dernier veille à ce que le disciple atteigne bien le but.

LES PHILOSOPHIES LIÉES AU SIDDHA YOGA

Le Siddha Yoga n'est pas en lui-même une philosophie, mais une voie fort ancienne menant à la réalisation du Soi. Toutefois, à cause de son origine si ancienne, de son universalité et de sa profondeur, il a été étudié à travers les siècles dans un certain nombre de grands systèmes philosophiques, principalement le Vedanta, le Sankhya et le Shivaïsme du Cachemire.

Ces trois grands darshanas ne s'opposent pas, bien qu'ayant chacun leur propre orientation, tout comme diverses cartes d'un même pays – l'une indiquant les routes, la deuxième les divisions administratives et la troisième le relief. On peut dire qu'ils sont complémentaires, chacun d'eux mettant l'accent sur certains aspects de la même réalité intérieure.

Dans les chapitres qui suivent, ces trois « cartes » particulières nous serviront de guide dans notre voyage intérieur. Souvenons-nous toutefois que ce voyage vers le Soi est différent pour chacun et qu'il ne faut pas confondre la carte routière avec la route elle-même.

CHAPITRE PREMIER

LE SOI

Beaucoup n'ont pas la chance d'entendre parler du
(Soi.
Beaucoup en entendent parler mais ne le compren-
[nent pas.
Admirable est celui qui en parle,
Eclairé celui qui cherche à le connaître.
Bienheureux celui qui, instruit par un grand Guru,
[est capable de le comprendre.

Katha Upanishad

L'homme possède en lui une source de nectar; mais, vivant en surface, nous errons comme des proscrits, à la recherche d'un bien-être, d'une paix, d'une joie que nous ne parvenons jamais à trouver. Au mieux, nous jouirons de ce bien-être une heure ou deux ou pourrons entrevoir l'espace d'un instant l'ombre de la félicité. Mais ces expériences sont toujours de courte durée et nous laissent sur notre faim.

Malgré cela, toutes nos activités sont orientées vers la recherche du bonheur. Nourriture, vêtements, voiture, lieu de travail, conjoint sont choisis uniquement en fonction du bonheur et du plaisir qu'ils sont susceptibles de nous apporter.

Pourquoi les hommes sont-ils ainsi? Pourquoi cette obsession du bonheur?

Selon les écritures yoguiques, c'est parce que le bonheur est notre nature même. Ce n'est pas une chose que l'on oublie, un an, un jour, ou même un seul instant. C'est notre nature profonde.

L'OIE ET LE SCORPION

Swami Muktananda racontait l'histoire suivante pour expliquer le sens de l'expression « notre nature » : Un scorpion qui voulait traverser le Gange fit appel à une oie qui nageait joyeusement au milieu du fleuve : « Laisse-moi monter sur ton dos, lui dit-il, et transporte-moi sur l'autre rive. »

L'oie regarda le scorpion et dit : « Tu n'y songes pas! Tu es un scorpion, je suis une oie. Je sais très bien que si je m'approche de toi, scorpion, tu vas me piquer! – Je ne ferais jamais une chose semblable, répliqua le scorpion, car si je te piquais alors que je me trouve sur ton dos, tu mourrais et moi je me noierais. »

L'oie se laissa persuader par cet argument parfaitement logique et gagna la rive. « Grimpe », dit-elle au scorpion.

Le scorpion grimpa sur son dos, mais à peine la traversée avait-elle commencé que l'oie sentit une douleur la transpercer. Elle regarda le scorpion par-dessus son épaule et s'écria : « Mon Dieu! Tu m'as piquée. Pourquoi as-tu fait cela? »

Et tandis que tous deux s'enfonçaient sous les eaux, le scorpion répondit : « Chère oie, je suis désolé, je n'ai pu m'en empêcher, car c'est là ma *nature*! »

LA FÉLICITÉ

D'après le yoga, la félicité est notre nature. C'est pourquoi nous ne pouvons nous empêcher de la rechercher à travers toutes nos activités. Et puisqu'elle est une partie intégrante de notre personne, elle est *toujours* là, en nous, attendant d'être sollicitée.

Pour la plupart d'entre nous, voilà un concept révolutionnaire. Cela veut-il dire que le bonheur ne vient pas des autres, des événements, de ce qui se passe dans notre vie?

Effectivement, selon le yoga, la joie vient de l'intérieur. Nous l'éprouvons en certaines circonstances et croyons que ce sont elles qui lui donnent naissance.

Une mère de famille me raconta une matinée extraordinaire passée en compagnie de son jeune fils. Elle faisait sa lessive; le séchoir étant trop plein, elle dut s'asseoir dessus pour l'empêcher de vibrer et de glisser sur le sol. Curieux, son petit garçon grimpa sur la machine pour la rejoindre, et alors... quelque chose de merveilleux se produisit; ils passèrent ensemble l'un de ces moments de tendresse inouïe que connaissent parfois une mère et son enfant. Jamais, dit-elle, elle n'avait éprouvé autant d'amour. L'enfant, de toute évidence, le ressentit lui aussi, car la semaine suivante, alors que sa mère lui demandait ce qu'il avait envie de faire ce matin-là, il s'écria : « Allons nous asseoir sur le séchoir! »

Cette façon de penser est pardonnable chez un enfant de cinq ans, mais nous faisons la même confusion. Nous croyons que la sérénité d'un lieu vient du paysage, des montagnes, de la nuit printanière plongée dans le silence. Nous pensons que le délicieux sentiment de sécurité que nous éprouvons est dû au verrou qui ferme notre porte, à notre lit douillet ou à notre compte en banque. Quand une personne nous inspire de l'amour, nous attribuons cela à sa présence ou aux tendres paroles qu'elle murmure à notre oreille. Mais jamais il ne nous vient à l'idée que ce sentiment de sécurité ou de paix nous habite à chaque instant et ne demande qu'à se manifester.

En nous, disent les Siddhas, se trouve une source de joie inépuisable d'où provient tout le bonheur, tout le plaisir que nous éprouvons en ce monde. Un objet ou un événement libère un minuscule filet de cette joie que nous attribuons à cet objet ou à cet événement. Mais en fait, c'est notre propre félicité intérieure que nous goûtons. Toute la tendresse, tout l'amour que la vie nous apporte provient de ce cœur secret, de cet océan d'énergie. Il existe en chacun de nous, mais certains parviennent mieux que d'autres à en exploiter les richesses. Le yoga consiste à s'unir à ce lieu intérieur, qu'il nomme le Soi.

Mais où se trouve-t-il et comment l'atteindre? C'est là, bien sûr, toute la question.

LES QUATRE ÉTATS DE CONSCIENCE

D'après la science du yoga, nous possédons quatre corps et non un. Selon le corps où nous nous trouvons, nous sommes dans un état de conscience différent et dans le monde qui lui correspond. Dans le premier et le plus extérieur, le corps physique, nous sommes dans l'état de veille et percevons l'univers physique.

Mais quand nous nous endormons, nous quittons l'état de veille pour entrer dans un autre corps, plus intérieur. Ce second corps, appelé corps *subtil*, correspond à l'état de rêve et nous donne accès à un univers purement mental très différent du monde physique. Tout comme le corps physique contient le cerveau et les organes des sens physiques, ce corps subtil est le siège de l'esprit, des sens intérieurs, des pensées et des sentiments.

Si nous nous enfonçons encore plus profondément, nous parvenons à un troisième corps, transcendant l'esprit lui-même. On le nomme corps *causal*. Nous y pénétrons dans l'état de sommeil sans rêves. Ce corps étant au-delà de l'esprit, nous n'y éprouvons ni douleur ni plaisir. Il correspond au vide. Nous y passons quelques heures et quand nous retournons à l'état de veille, nous nous sentons revigorés : notre fatigue a disparu et une nouvelle joie de vivre nous anime. Comment expliquer ce phénomène?

C'est qu'il existe, dit le yoga, un quatrième état, celui du Soi, juste au-delà de l'état de sommeil sans rêves. Le repos et le bien-être que nous procure le sommeil profond sont dus à la proximité du Soi dont nous extrayons alors une petite fraction de l'énergie vitale. Mais comme cet état se situe au-delà du mental, nous ne faisons pas consciemment l'expérience du Soi et ne pouvons nous en souvenir à notre réveil. C'est ce qu'exprime ainsi une *Upanishad* : « De même que l'on peut passer maintes fois au-dessus d'un trésor enfoui sans jamais le voir, de même, au cours du sommeil, toutes les créatures se rendent chaque nuit dans ce monde divin, mais ne le savent pas[1]. »

Et si nous pouvions découvrir ce trésor? Si une nuit, après nous être endormis, nous poursuivions notre chemin, au-delà du sommeil; si nous plongions les yeux grands ouverts dans ce nectar qui coule au fond de nous, afin que la douceur de ce nectar jaillisse en nous, comme le sirop d'une cerise enrobée de chocolat. Et si, au moment où nous éprouvons la moindre petite joie, nous remontions jusqu'à sa source? N'est-ce point un océan de bonheur qui s'offrirait à nous?

Tourner notre attention vers l'intérieur, vers la source de notre joie, est le principe fondamental du yoga et de la méditation.

LE « JE » PARFAIT

Cependant, le Soi n'est pas seulement la source de notre joie. Il est celui que nous sommes réellement. C'est pourquoi Baba Muktananda affirme : « Vous n'êtes pas simplement ce que vous croyez être; vous êtes plus sublimes... » Mais avant de chercher à voir qui nous sommes réellement, demandons-nous d'abord : qui croyons-nous être?

La plupart d'entre nous s'identifient avec leurs deux corps les plus extérieurs. Quand nous nous identifions avec le corps physique, nous avons l'impression d'être un homme ou une femme, un Américain ou un Indien, un vieillard ou un jeune homme. Quand nous nous identifions avec notre corps subtil, siège des pensées et des émotions, nous nous disons : « Je suis un démocrate », ou : « Je suis un écrivain », « Je suis un chrétien » ou : « Je suis un juif ». Et même, nous affectionnons particulièrement les combinaisons : « Je suis une actrice indienne de cinquante-cinq ans », ou : « Je suis un écrivain américain de trente-sept ans. »

Le problème, c'est que ces identités sont temporaires et superficielles, pire, elles sont irréelles. Dans l'état de veille, je suis peut-être un écrivain, mais cette nuit, en rêve, je pourrais bien être un voleur. Et dans l'état de sommeil profond je ne suis même pas conscient d'exister. Alors, qui suis-je ? Qui suis-je vraiment ?

Pour compliquer encore un peu les choses, ces identités apparentes ne cessent de se modifier. L'année prochaine je serai un écrivain américain de trente-huit ans. Si l'année d'après, je vais m'établir à Londres, renonce à ma nationalité, abandonne mon métier d'écrivain en faveur du golf, je serai un joueur de golf anglais de trente-neuf ans et, dans mes rêves, Dieu seul sait qui je serai.

Et pourtant, en dépit de tous les rôles que nous jouons et de toutes les modifications qui se produisent dans notre corps et dans notre esprit, il existe une partie de nous-mêmes qui ne change pas, que rien ne peut altérer. On la nomme le « Je ». Ce « Je » parfait est le même pour tout le monde. C'est le cœur de notre personnalité et de tous les petits moi qui peuplent le monde. C'est le portemanteau où se trouvent accrochés notre corps et notre esprit. Il se trouve en eux, mais il en demeure détaché. Ce « Je » peut prendre l'apparence d'un ouvrier ou d'une mère de famille, d'un homme intelligent ou d'un rustre, d'un hindou ou d'un chrétien, en fonction du corps auquel il se trouve associé. Mais en fait, rien ne le touche : il ne change pas quand notre esprit change et ne meurt pas quand notre corps meurt.

D'ailleurs, tout le monde sait cela ; nous savons que nous ne sommes ni le corps ni l'esprit puisque nous disons : « *mon* corps », « *mon* esprit » comme nous disons « *ma* maison » et « *ma* voiture ». Mais à qui appartiennent ce corps et cet esprit ? Qui est-il, celui que nous sommes en réalité ?

Le yoga dit que nous sommes le Soi, le « Je » parfait et immuable.

LA LUMIÈRE DE LA CONSCIENCE

Il y a, disent les textes yoguiques, une autre façon de décrire ce Soi. « Le Soi est Conscience. Le Soi est le témoin des trois autres états de conscience[2]. » Ce Soi est Celui qui connaît de l'intérieur, Celui qui éclaire notre esprit et notre compréhension, Celui qui observe toutes nos pensées et tous nos faits et gestes. C'est à cela que faisait allusion un mystique chrétien quand il disait : « Celui que vous cherchez est Celui qui regarde. »

« Il sait quand tu dors, dit une chanson enfantine, il sait quand tu es éveillé, il sait si tu es gentil ou méchant, alors pour l'amour de Dieu, sois gentil! »

C'est une bonne description du Principe intérieur. Il est ce témoin permanent des états de veille, de rêve et de sommeil profond. Quand nous nous endormons, il demeure éveillé et au matin nous informe du contenu de nos rêves. Même dans l'état de sommeil profond, ce témoin intérieur veille et observe le vide. Comme quelqu'un qui passerait la nuit devant son poste de télévision, regardant les mires de réglage, il nous dit au matin que nous avons dormi profondément, que notre écran intérieur est resté vide.

Et quand nous rêvons, c'est ce Principe qui éclaire nos rêves de sa lumière. Imaginez une nuit sans lune. Nous allons nous coucher, éteignons les lumières, fermons les yeux, tirons la couverture par-dessus notre tête et nous endormons. Mais voici que soudain, alors qu'à l'intérieur comme à l'extérieur règne une obscurité totale, nous nous *voyons* participant au déroulement d'un rêve. D'où vient cet éclairage? Quel soleil illumine notre paysage intérieur?

Gurumayi Chidvilasananda, au cours d'une causerie prononcée à La Nouvelle-Orléans, le 2 février 1985, parla de cette lumière intérieure dont elle avait eu la nuit précédente une expérience extraordinaire :

> Cette lumière était là. J'essayais d'éteindre, mais il y avait toujours de la lumière, une lumière éclatante. Dans mon sommeil, je voyais l'interrupteur à côté de moi et pouvais le manœuvrer; j'essayais d'éteindre, mais la lumière demeurait. Alors une petite voix se fit entendre : « Eh! Où es-tu? Voyons, crois-tu vraiment qu'il soit en ton pouvoir d'éteindre cette lumière? C'est elle qui fait briller la lune et le soleil. C'est elle qui fait briller toutes les autres lumières. Tu ne peux pas l'éteindre. » Elle brillait avec une telle intensité! « Comment dormir! » me suis-je dit. « C'est cette lumière qui anime l'état de veille, qui anime tout le monde et toute chose. » Et j'ai passé toute la nuit à la contempler.

SATCHITANANDA

Jusqu'ici, j'ai présenté le Soi comme étant la source de notre joie, de notre être et de notre conscience. L'ensemble de ces trois éléments nous donne l'une des définitions classiques du Soi. Car les textes yoguiques, tout en déclarant que le Soi ne saurait faire l'objet d'une description, le nomment *sat-chit-ananda* lorsqu'ils sont contraints de lui donner un nom.

Sat est l'Être absolu. Est sat ce qui se trouve

partout à la fois à chaque instant. Même s'il était hier au Caire, aujourd'hui à Jérusalem et demain à Washington, Henry Kissinger n'est pas *sat* pour autant, car il n'était pas en ces lieux (et partout ailleurs) simultanément depuis le commencement jusqu'à la fin des temps. Tout ce qui *est* provient de *sat*, de même que chaque vague doit son existence à l'eau.

Chit est la Conscience absolue, la connaissance totale. Chit connaît tout ce qui fut, est et sera, plus tout ce qui n'est pas, n'a jamais été et ne sera jamais. Imaginez-vous chit de cette façon : un jour, quand vous étiez enfant, vous avez retiré un caillou de votre chaussure et l'avez jeté au loin. Chit sait où se trouve ce caillou. Elle sait où il se trouvera dans quarante ans, dans quatre cents ans, dans quatre cent quarante mille ans. Elle sait ce que contient un potiron avant qu'il ne soit ouvert. Elle se souvient du coucher du soleil, la veille de votre naissance et connaît la couleur des yeux de votre petite-fille, qui doit naître dans seize ans. Chit se souvient dans le moindre détail de tous les rêves que vous avez faits en 1983, alors que vous-même les avez complètement oubliés.

Ananda est la somme totale de joie qui règne dans tous les univers. C'est la joie de l'ange et celle du chien. C'est une joie infinie et qui ne disparaît jamais. Si la joie éprouvée par chaque créature depuis le commencement du monde était mise en boule et lancée dans ananda, cette balle de joie disparaîtrait comme une goutte dans l'océan.

D'après le yoga, sat-chit-ananda – Être, Conscience et Béatitude absolus –, c'est le Soi. Plus étrangement encore, le yoga prétend que nous *sommes* ce Soi.

Comment cela se peut-il? Si nous sommes le Soi, pourquoi ne le *sentons*-nous pas? Comment, allez-vous dire, puis-je parler de l'immense joie qui règne dans tous les univers alors que les hommes éprouvent tant de souffrances? Car le fait est là, nous souffrons horriblement. Et si ce spectacle épouvantable que nous offre la vie ne nous boule-verse pas outre mesure, c'est que, la plupart du temps, nous en détournons résolument les yeux. Utilisant toutes sortes de ruses, toutes sortes de médicaments et d'expédients, nous essayons de nier, de refuser cette intense douleur – la nôtre et celle d'autrui –, car autrement nous deviendrions complètement fous. Nul besoin de faire appel à l'holocauste nazi pour nous fournir des exemples en cette matière. Il suffit simplement de se rappe-ler toutes les angoisses, toutes les terreurs dont nous avons été les malheureuses victimes : les frayeurs de l'enfance, les insultes et les brimades de l'adolescence, et par la suite, les blessures innombrables, les soucis et les deuils.

Oubliez la connaissance absolue et les yeux de votre petite-fille. Songez-vous à l'insondable igno-rance dans laquelle sont plongés les hommes et les femmes? D'où venons-nous, qui sommes-nous, où allons-nous? Nous n'en savons rien, et pourtant notre dernière heure peut sonner à chaque ins-tant.

Quant à Sat, l'être, la plupart des gens sentent que leur vie est bien en dessous de ce qu'elle aurait pu être. Nous voulions devenir un grand pianiste... mais hélas! nous avons échoué dans une banque comme employé; et souvent la vérité nous semble aussi éloignée et inaccessible que cette étoile qui scintille dans l'espace.

Mais il se pourrait bien, en fin de compte, que pour la majorité d'entre nous ce soit la souffrance, et non les grands idéaux, qui nous aiguillonne et nous pousse dans la voie spirituelle. Car, répètent les Ecritures, nous ne cesserons de souffrir et de nous sentir malheureux que le jour où nous pénétrerons au cœur même de notre être et nous unirons à notre propre Soi, découvrant que nous sommes sat-chit-ananda. Toutefois, ajoutent-elles, puisque en réalité nous sommes ce Soi, même actuellement où nous vivons à la surface de notre être, voyageant entre les états de veille, de rêve et de sommeil profond, nous *faisons* l'expérience du Soi, mais d'une manière étroite et limitée.

Nous éprouvons l'être, le sens du « je », mais non point l'Être absolu. Au lieu de nous sentir sans limites, communiant avec toute chose, nous nous sentons confinés dans un corps, un esprit, une époque et un lieu particuliers.

La conscience dont nous faisons l'expérience n'est pas la Conscience absolue. Au lieu d'être omniscients, nous n'avons qu'une connaissance limitée.

Au lieu d'éprouver un flot continu de béatitude, nous connaissons des moments heureux et des moments très douloureux.

Cela ne veut pas dire que nous ne faisons pas l'expérience du Soi, mais elle n'est que partielle et limitée.

Alors, qu'est-ce qui nous empêche de connaître le Soi dans toute sa gloire à chaque instant ?

C'est notre esprit, dit le yoga.

CHAPITRE 2

L'ESPRIT

L'esprit, l'esprit! Il a ses montagnes et ses à-pics, effrayants, insondables. S'en moqueront peut-être ceux qui ne sont jamais restés suspendus au-dessus de ce gouffre.

Gerald Manley Hopkins

Un jour, à l'époque où je travaillais dans un bar de New York, quelqu'un entra, commanda une bière et s'installa dans un coin, devant le poste de télévision pour regarder la retransmission du match des Yankees. Le récepteur était détraqué et les images étaient mauvaises; mais cela n'empêchait pas les Yankees de gagner et, dans ce bar, c'était tout ce qui comptait. A ma grande surprise ce type se tourna vers moi et dit :

— Les Yankees sont lamentables!

— Que voulez-vous dire? Le score est de douze à zéro en leur faveur!

— Peut-être, mais regardez-les, reprit-il. Ils ondulent tous. Regardez Reggie, il est sûrement malade; il est tout vert!

J'observai très attentivement ce client. Ce qui fait le charme des bars new-yorkais, c'est que l'on peut y faire des rencontres intéressantes; et puis beaucoup de gens aiment essayer leur humour sur le barman. Mais ce type-là ne plaisantait pas.

Discrètement, je glissai la main vers son bock vide et l'emportai. On commence toujours par là avant d'éjecter quelqu'un. Autrement, on risque de le recevoir en pleine figure.

— Cela vient du poste, dis-je prudemment, et non des Yankees.

— Qu'est-ce que tu racontes ? fit le type. Ce poste marche bien. Ce sont les Yankees qui ne tournent pas rond. Regarde, à présent il neige, en plein mois de juillet !

Je regardai le récepteur. Des points blancs dansaient sur l'écran et brouillaient l'image.

— Ce n'est pas de la neige, lui dis-je; cela vient de la réception.

— Hé, tu te prends pour Monsieur Je-sais-tout ? lança le type qui commençait visiblement à s'énerver.

— Allons, répondis-je, c'est le moment de partir.

— C'est pas moi qui devrais partir, c'est lui ! dit le type aux autres clients en agitant son pouce dans ma direction. Foutus Yankees !

De toute évidence, ce malheureux était cinglé, et il sortit sous les applaudissements. Il était fou parce qu'il ne comprenait pas qu'il ne voyait pas vraiment le jeu des Yankees mais uniquement des points et des images électroniques projetés sur un écran de verre.

C'est pourtant l'erreur que nous faisons tous, disent les textes yoguiques; car le monde extérieur nous semble bien réel, alors qu'il s'agit simplement d'une image projetée dans notre esprit. Et l'allure que prend cette image dépend en grande partie de notre récepteur de télévision intérieur et de notre faculté de réception.

Ainsi, quand notre esprit est perturbé, le monde nous apparaît sous un certain jour, et quand nous sommes amoureux, il nous apparaît sous un tout autre jour. Assimiler le monde avec ce que nous éprouvons à un moment donné revient à dire que les Yankees ondulent quand la réception est mauvaise.

C'est pour cela que les textes yoguiques disent : *ya drishti, sa srishti*, « le monde est tel que vous le percevez[1]. » C'est notre esprit et non le monde, disent-ils, qui est la source de tout ce que nous éprouvons : honneur ou déshonneur, bonheur ou tristesse, enchaînement ou libération. C'est pourquoi il n'est pas juste d'attribuer la cause de notre plaisir ou de notre douleur à quelque chose ou à quelqu'un. Attribuer notre bonheur ou notre manque de bonheur à notre mari ou notre femme, notre patron ou nos enfants, à la politique nationale ou à la situation internationale, cela revient à nous tromper nous-mêmes. Le yoga dit que notre bonheur n'est pas fonction des événements ou des gens qui jouent un rôle dans notre vie, ni de nos possessions, mais de notre esprit.

Baba racontait l'histoire de cet homme qui fut un jour amené devant son Guru, Bhagavan Nityananda, allongé sur une civière. Il bavait et regardait fixement devant lui. Cet homme, leur dit-on, était l'un des plus riches et des plus puissants industriels de l'Inde : il avait des milliers d'employés et possédait un grand nombre d'usines, de serviteurs, de maisons et de voitures. Mais il venait de faire une dépression nerveuse; il avait perdu l'esprit et ne pouvait plus désormais diriger qui que ce soit ni profiter de quoi que ce soit.

En effet, sans un esprit parfaitement équilibré, il est impossible de jouir des objets ou des facultés que l'on possède. Un esprit faible et agité défor-

mera notre vision des choses et sabotera notre
bonheur, à la manière d'un téléviseur mal réglé
produisant de mauvaises images. Mais l'inverse de
ce triste axiome est également vrai : car, dit le
yoga, puisque notre état d'esprit détermine l'image
que nous avons de la réalité, nous pourrons
connaître le bonheur et le plein épanouissement
non pas en changeant le monde, mais en changeant notre esprit.

L'ESPRIT DU SIDDHA

Swami Muktananda en était le parfait exemple.
Il demeurait en permanence dans la félicité. Et
pourtant, il ne vivait pas dans un monde parfait. Il
vivait et respirait dans le même monde que moi,
parfois dans la même pièce. Mais parce que son
esprit était devenu parfait, il percevait le monde
d'une manière très différente de la mienne. Il
appréciait énormément des gens qui me rendaient
fou; la chaleur torride de l'Inde, qui m'oppressait
et m'épuisait, l'emplissait du sentiment de sa propre grandeur et de sa force; il adorait les coups de
tonnerre qui m'effrayaient. Un texte yoguique
décrit exactement cet état sublime : « Dans tout ce
qui est vu, entendu ou ressenti, dans tout ce qui
impressionne les sens, on ne perçoit rien de défavorable. »

L'ESPRIT HUMAIN

Mais pour la plupart d'entre nous, il n'en est pas
ainsi. Notre esprit se débat et rumine constamment, même quand tout va parfaitement bien.
Comme le disait souvent Baba : « L'esprit ne rate

pas une occasion de créer des problèmes. » Et, ajouterai-je, tout petit problème envahit complètement notre esprit. Il peut y avoir des milliers de choses positives dans notre vie, mais si une seule chose va « mal », nous sommes malheureux.

Hier matin, alors que je me trouvais au croisement de la 86e Rue et de Broadway, une ambulance me frôla à toute allure, sans actionner sa sirène. Pour être tout à fait honnête, disons qu'elle passa à quelques dizaines de centimètres, mais suffisamment près pour me donner des battements de cœur. Que s'était-il passé? En vérité, rien. J'avais simplement ressenti un léger déplacement d'air. Mais l'esprit en fit toute une histoire :

« Mon Dieu! Cette ambulance a bien failli me renverser! Pourquoi sa sirène ne fonctionnait-elle pas? Si j'étais descendu du trottoir, elle m'aurait heurté la jambe et je me serais retrouvé en plein Broadway avec une jambe cassée, renversé par une ambulance. Evidemment, l'ambulance se serait arrêtée. N'oublions pas qu'il s'agissait d'une ambulance! On m'aurait mis à l'arrière et transporté jusqu'à... voyons, quel est l'hôpital le plus proche? St. Luc! On aurait prévenu mon médecin et ma mère... » Je vis mon médecin et ma mère à mon chevet; ils me regardaient d'un air désolé et compatissant. Alors je sus que j'allais perdre ma jambe. L'espace d'un instant je ressentis une peur panique. J'étais à l'hôpital St. Luc, après avoir été renversé par une ambulance sur Broadway, et on allait me couper une jambe. C'était horrible!

Je regardai alors autour de moi et me rendis compte que je n'étais pas du tout à l'hôpital St. Luc. J'étais toujours au coin de la 86e Rue, bien campé sur mes jambes. L'ambulance avait disparu depuis longtemps. Mon transport à l'hôpital était purement imaginaire. Pourtant, la souffrance éprouvée était bien réelle. Je regardai ma montre. J'étais en retard à mon rendez-vous. Je me demandai ce qu'allait dire mon client. C'était un homme peu commode et dans ma tête s'engagea avec lui une discussion fort désagréable. « Où étiez-vous passé? grogna-t-il. – Oh! ne commencez pas! hurlai-je, toujours dans ma tête. Figurez-vous que j'ai failli être renversé par une ambulance! »

Et c'est ainsi pour la plupart d'entre nous, du matin au soir. Nous ne maîtrisons pas notre esprit, alors il nous en fait voir de toutes les couleurs. Et cela, non pas une fois de temps en temps, mais des centaines, des milliers de fois par jour.

C'est pour cette raison que de nombreux textes yoguiques traitent davantage de la manière de pacifier l'esprit que du Soi, de Dieu, du Guru ou de tout autre sujet. Ce n'est pas que l'esprit humain soit foncièrement mauvais, mais simplement, chez la plupart d'entre nous, il échappe à tout contrôle. Le saint-poète Bartrihari écrit :

Ô mon esprit, mon ami!
Ton agitation me fait descendre en enfer.
Ton instabilité me fait monter au ciel.
Les dix directions ne peuvent te maîtriser.
Et pourtant, pas une seule fois, serait-ce par erreur,
Tu ne songes au Soi intérieur[2].

L'ABSENCE DE PENSÉES

« Le Yoga consiste à mettre fin aux pensées qui agitent l'esprit[3]. » Cette définition classique figure à l'origine dans les *Yoga Sutras* de Patañjali, le principal traité sur le yoga et l'esprit, écrit voilà plus de deux mille ans.

On peut paraphraser ce *sutra* de la manière

suivante : le Yoga consiste à ne pas penser. *Ne pas penser!* Une telle idée nous semble quelque peu choquante et totalement opposée à l'esprit occidental. Dès l'enfance j'ai eu dans ma chambre un écriteau portant : PENSE! Et tous mes maîtres me pressaient de le faire aussi longtemps et aussi intensément que possible. Si je ne pensais pas, j'allais devenir idiot, n'est-ce pas?

Non, dit le yoga, c'est précisément l'inverse : l'absence de pensées est un état où l'on est davantage conscient.

En d'autres termes, disent les Ecritures, si nous ne pensions pas tout le temps, nous serions plus libres; car ce sont nos pensées, justement, qui constituent nos chaînes et nous empêchent de jouir de la béatitude et de la puissance du Soi. Cet écran de pensées rétrécit notre champ de vision et dissimule le Soi, à la manière des nuages dans le ciel qui masquent la lumière du soleil. Comme le dit Gurumayi, nous sommes pour la plupart « tellement fascinés par les rayons de lumière filtrant à travers les nuages, par ces jeux de lumière qui forment toutes sortes de belles choses, que nous en oublions la source ».

Pourtant, si joli que soit ce spectacle, nous finissons par nous en lasser, comme d'ailleurs de toutes les merveilles issues de notre imagination. Par contre, l'interruption, même momentanée, des activités de la pensée permet au soleil divin de percer. C'est ce que les artistes appellent « l'inspiration », un jaillissement lumineux venant de l'intérieur. D'autres parlent « d'intuition », un terme qui signifie littéralement « enseignement intérieur », comme s'il y avait un maître caché en nous.

Mais par quel processus notre esprit dissimule-t-il le Soi et déforme-t-il notre perception de la réalité? De quoi sont faits ces nuages intérieurs? De mots, dit le yoga[4].

Les Ecritures expliquent les choses ainsi : dans les profondeurs de notre être naissent en permanence des sons subtils qu'il est impossible d'arrêter. Ils se forment en nous inévitablement, comme des nuages dans le ciel ou des vagues sur l'océan. Ils se combinent entre eux et composent des mots, qui à leur tour donnent naissance aux pensées; celles-ci produisent des images mentales qui suscitent en nous des réactions émotionnelles. Selon qu'une pensée est bonne ou mauvaise, nous éprouvons plaisir ou douleur. Si je pense : « Cette ambulance a failli m'écraser », j'éprouve un pénible sentiment de peur. Mais si la même expérience m'inspire cette réflexion : « Bon sang, j'ai de la veine! Je l'ai échappé belle! », alors j'éprouve la joie du soulagement.

Bien sûr, ce même processus se déroule également dans l'esprit des autres. Des lettres et des mots se forment en eux, se transforment en pensées et en images, qui s'expriment en paroles, parviennent à nos oreilles, prennent un certain sens et produisent sur nous une certaine impression. Si ces lettres s'associent pour composer le mot « idiot », ou l'expression « je t'aime », nous éprouverons dans chaque cas des sensations bien différentes.

Le yoga appelle *matrika* l'énergie inhérente à ce courant perpétuel de sons intérieurs. Au sens littéral, matrika signifie « la Mère inconnue », car c'est elle qui siège dans les profondeurs de notre esprit, qui est la source et la cause de tout ce que nous ressentons. Elle fait ses commentaires sur tout ce qui nous arrive et nous raconte notre vie, comme une grand-mère récitant une fable interminable. Tantôt ses paroles nous mettent en colère, tantôt elles nous font rire, tantôt elles nous rendent soucieux ou nous font sourire.

Mais quelles qu'elles soient, bonnes ou mauvaises, toutes ces sensations se fondent sur ce courant perpétuel de la *matrika shakti* [5].

LA CONNAISSANCE LIMITÉE

L'existence de cette matrika inspire aux Écritures une déclaration bien étrange. Les Shiva-Sutras disent : *jnanam bandhah*, « la connaissance est un enchaînement [6]. » Voilà pour un Occidental une affirmation hérétique. On nous a toujours appris à croire l'inverse, que la connaissance est source de liberté, que la culture et l'éducation ne peuvent qu'améliorer notre sort.

Le yoga est d'accord, mais fait cette mise en garde : la *véritable* connaissance est libératrice, mais la connaissance *limitée* ne l'est pas. En fait, c'est notre connaissance limitée qui nous empêche de découvrir la Vérité. Muktananda écrit à ce propos : « La connaissance peut être pure ou impure. Si vous pensez : " Je suis un pécheur. Je suis enchaîné. J'appartiens à telle caste... " vous êtes victime de la connaissance impure. La connaissance pure se manifeste quand la grâce du Guru vous place sur la voie du Siddha Yoga. Le Soi intérieur se révèle et l'on fait cette prise de conscience : " Je suis Lui. " Alors, on s'identifie au cosmos tout entier, on éprouve : " Je suis toute chose. Partout, à l'intérieur comme à l'extérieur, n'existe que moi seul. " Ceci est le plus haut état de conscience[7]. »

En d'autres termes, si nous pouvions savoir et sentir dans chacune de nos fibres que nous sommes le Soi, que notre nature est Être, Conscience et Béatitude absolus, que nous sommes l'éternel et immortel témoin de toutes les choses temporelles, cette connaissance-là ne manquerait pas de nous apporter la joie et la liberté. Mais la « connaissance » qui est celle de la plupart des gens est d'un tout autre ordre. *Nous savons*, au contraire, *que nous ne sommes pas le Soi.* Nous savons que nous sommes Joël ou Suzanne Schmoll de Bécon-les-Bruyères, et sommes terriblement conscients d'être mortels et imparfaits. Nous savons que nous sommes un bon joueur d'échecs, mais que nous chantons faux et que nous avons en tout et pour tout cinq mille francs sur notre compte en banque; que notre chien est bien gentil et notre patron mesquin; que notre loyer augmente de vingt pour cent à partir de l'année prochaine. Nous savons qu'il y a des tas de choses que nous aimerions avoir et dont nous avons besoin, des tas de choses que nous n'aurons jamais et d'autres qui peuvent nous faire du mal, que nous sommes destinés à mourir, comme tous ceux que nous aimons. Et nous passons la majeure partie de notre vie plongés dans cette connaissance impure. Rien d'étonnant à ce que nous soyons malheureux !

Ce discours intérieur se poursuit jusque dans nos rêves, suscitant toutes sortes d'images, de désirs et de peurs. Ce n'est que dans l'état de sommeil profond, quand notre conscience transcende notre esprit, que la voix de la matrika se tait et que nous éprouvons la paix. C'est cette « connaissance » impure, erronée et limitée, fondée sur ce courant

de paroles intérieures, que le yoga appelle « enchaînement ».

COMMENT OBTENIR LE SILENCE MENTAL

Le yoga dit que la véritable connaissance, le
véritable bonheur et la paix profonde ne sont pas
du domaine mental, mais proviennent d'une
source qui transcende les pensées. Ils ne peuvent
se manifester que lorsque notre esprit est silencieux, transparent, et que le discours intérieur s'est
enfin arrêté. Il ne s'agit pas d'atteindre le Soi. Il
s'agit simplement de stopper les activités de la
pensée qui agitent notre esprit : à ce moment, le
Soi se révélera, comme se laisse entrevoir un trésor
qui repose au fond d'un lac paisible. Car lorsque
notre esprit est parfaitement calme, le Soi intérieur
plein de félicité se manifeste automatiquement,
nous communiquant sa joie et sa paix.

Ce n'est pas un secret yoguique. Tout le monde
sait cela, consciemment ou non. Personne n'aime
les ennuis. Personne n'aime avoir l'esprit brumeux
et agité. Chacun sait qu'il est heureux quand son
esprit est clair et paisible.

Il s'agit donc d'apprendre à apaiser l'esprit. En
dehors du sommeil, qui est la solution préférée de
tout le monde, la manière la plus courante de
calmer l'esprit est de satisfaire ses désirs. Puisqu'il
s'agite dès qu'il veut quelque chose et qu'il s'apaise
provisoirement quand un désir est satisfait, la
plupart d'entre nous dépensons notre énergie à
essayer de lui donner satisfaction. C'est là, remar-
quons-le, la raison de cette attirance irrésistible et
trompeuse pour l'argent. Car en fait, on ne recherche pas l'argent pour lui-même, mais pour ce qu'il

procure : la satisfaction immédiate de tous les désirs, et la paix de l'esprit qui en résulte.

Alors, pourquoi ne pas essayer de devenir millionnaires plutôt que yogis? Parce que ce n'est pas la solution définitive. Sinon, le yoga serait inutile. Il est exact que l'esprit se calme quand un désir est satisfait, mais cela ne dure qu'un instant, jusqu'au moment où un nouveau désir vient nous perturber; puis un autre, et encore un autre. D'autre part, il nous est impossible de satisfaire tous nos désirs. Si la seule chose susceptible de nous rendre heureux est de devenir Président des Etats-Unis, il y a bien peu de chances que cela se réalise.

La vérité, c'est que l'on ne pourra jamais satisfaire l'esprit en cédant à ses désirs, car il est d'une nature insatiable. Plus nous lui donnons, plus il réclame. Et si nous le laissons faire, il nous entraînera dans une aventure périlleuse, interminable; il nous fait courir après toutes sortes de choses, comme un homme lancé à la poursuite d'un cheval sauvage et infatigable.

L'alcool et les drogues constituent un autre moyen de pacifier provisoirement l'esprit, et les gens les utilisent pour cette raison. Seulement, pour qu'ils demeurent efficaces, il faut constamment en augmenter la dose; et quand leur effet se dissipe, on éprouve une intense souffrance.

Les distractions et les arts sont des moyens plus salubres et plus sophistiqués pour atteindre le même but. Parfois l'esprit s'immobilise sous l'effet d'une émotion ou d'un choc. C'est ce qui fait l'attrait des films d'horreur. Sinon, pourquoi les gens dépenseraient-ils leur argent pour voir des maniaques découper des corps à la tronçonneuse ou des morts-vivants? En effet, au moment où s'ouvre le cercueil et que la main écailleuse du monstre apparaît, l'esprit cesse de tourner, et à ce instant nous éprouvons une vague de béatitude venue des profondeurs, qui nous fait hurler de plaisir. Les effets spéciaux, les montagnes russes, les surprises en tout genre agissent selon le même principe : produire un choc. Être précipité à travers l'espace dans un chariot branlant, à vingt mètres du sol, « pulvérise » notre esprit, et nous permet, l'espace d'un éclair, de goûter à la joie du Soi.

L'art et la beauté assouvissent l'esprit par des moyens plus nobles. Je me souviens du moment où j'ai terminé la lecture de *Guerre et Paix*. J'y avais consacré tout l'été, allant de découverte en découverte, plongeant dans toute cette vie et toute cette mort. Quand je refermai le livre, mon esprit s'arrêta pendant quelques instants et je me sentis envahi par une sérénité, une paix qui dépassait l'entendement, une paix telle que Dieu doit en ressentir lorsqu'Il abaisse Son regard sur Ses créatures.

Les beaux paysages produisent un effet similaire. Un commentaire du *Vijnana Bhairava*, un texte yoguique composé de cent douze *dharanas*, techniques visant à faire connaître le Soi, déclare : « Lorsque la contemplation d'un site grandiose, hallucinant ou profondément émouvant, plonge l'esprit dans un état extatique et d'émerveillement silencieux, en chassant toutes les pensées, en cet instant, brusquement et instantanément, la suprême Réalité se révèle [8]. »

Ce sont là des exemples de moyens extérieurs utilisés en vue de pacifier l'esprit et *d'éprouver la béatitude de notre Soi intérieur*. Voilà le point crucial. Car le yoga souligne bien que la joie procurée par toutes ces choses – montagnes russes, nature, art, films d'épouvante, nourriture, sommeil – est toujours présente en nous et ne demande qu'à se manifester. Si elle provenait réellement de l'objet lui-même – du livre ou du coucher de soleil –, alors chacun l'éprouverait avec la même intensité toutes les fois qu'il serait en présence de cet objet, tout comme on reçoit une dose de radiations au contact d'une substance radioactive. Mais il n'en va pas de même pour la joie. J'ai une amie que les montagnes russes font vomir et que les films d'épouvante ennuient mortellement. Pour elle, le paradis c'est un bol de pop-corn et un feuilleton à l'eau de rose, car ce sont les choses qui apaisent son esprit et permettent le rayonnement de cette joie intérieure.

LE YOGA

Les Écritures disent qu'il existe une meilleure façon de pacifier l'esprit et de libérer la joie intérieure : le yoga. Quand nous en avons compris le mécanisme, nous pouvons obtenir cette joie sans passer par ces moyens extérieurs plus ou moins discutables. Si elle se trouve en nous, pourquoi faudrait-il avaler un roman russe d'un millier de pages pour la ressentir ? Pourquoi payer cinquante francs pour s'offrir le douteux privilège d'une petite émotion au spectacle d'un maniaque pourchassant avec une tronçonneuse des écolières hurlant de terreur dans la nuit de la Toussaint* ?

Pourquoi ne pas aller directement à la source de la félicité ? Pourquoi ne pas immobiliser l'esprit en utilisant les moyens les plus puissants et les plus

* *Halloween*, fêté aux Etats-Unis à la manière de notre mardi gras (N.d.T.).

efficaces dont nous disposons, afin de pouvoir jouir en permanence du bonheur et de la paix intérieure ? C'est là le but du yoga et de ses principales pratiques que sont le chant et la méditation. Gurumayi dit : « C'est en annihilant toutes les pensées que l'on parvient enfin à la conscience du " Je " parfait, au Soi. »

Baba Muktananda était un exemple vivant de cet accomplissement. Il avait définitivement stoppé le discours intérieur. Et même lorsque des pensées se manifestaient en son esprit, il ne s'identifiait pas avec elles et n'était pas soumis à leur enchaînement, car il était fermement établi dans le Soi. Il n'était ni séduit ni blessé par les sons qui se formaient dans l'esprit des autres et s'exprimaient par leur bouche.

A maintes reprises, j'ai vu des gens qui louaient Baba et d'autres qui le maudissaient. Il répondait comme il convenait à leurs paroles, mais celles-ci ne pouvaient aucunement perturber son état intérieur. Il était impossible de le contrarier en lui disant qu'on ne l'aimait pas; pas plus qu'on ne pouvait lui faire plaisir en lui disant qu'il était merveilleux. Il avait réussi à triompher de la matrika. Il était établi dans le Soi.

Cet état intérieur dégageait une telle puissance et un tel rayonnement qu'il suffisait d'approcher Baba pour le ressentir. Souvent, en sa présence, mes pensées s'arrêtaient automatiquement, et l'espace d'un instant je connaissais cet état sans pensées dans lequel il vivait. C'était quelque chose d'une grande douceur, de pur et de béatifique. Le monde physique apparaissait alors plus net, plus neuf; les impressions sensorielles, sans leur filtrage habituel, étaient plus intenses. A ses côtés, je me sentais soulevé par la puissance qui émanait de lui et transporté bien au-delà des pensées et de l'esprit. Cela me rappelait mon baptême de l'air, l'émerveillement que j'éprouvai tandis que l'avion s'élevait au-dessus de la grisaille, débouchant, ô miracle! dans un ciel d'azur dont la lumière radieuse emplissait la cabine!

CHAPITRE 3

LE MONDE

Le monde est un moyen de parvenir à Dieu.
Ce n'est pas un obstacle. Pourquoi le détester?

Krishnasuta

Il y avait une fois deux démons qui semaient la terreur dans les cieux. Aucun *deva* n'était de taille à s'opposer à eux. Pris de panique, les dieux allèrent chercher refuge aux pieds du Seigneur Vichnou auquel ils demandèrent aide et protection.

Vichnou comprit aussitôt la situation, mais grâce à ses pouvoirs yoguiques, il s'aperçut que les démons avaient reçu du Seigneur Shiva un pouvoir spécial qui les rendait quasi invulnérables : ils ne pouvaient mourir qu'en s'entre-tuant; et comme ils étaient frères et s'entendaient fort bien, cela ne risquait guère de se produire un jour. Alors Vichnou se changea en une jeune fille à la beauté merveilleuse. Cette troublante créature, du nom de Mohini, apparut devant les deux démons et leur fit les yeux doux.

– Je te veux pour femme! dit le premier.

– Pas question, dit l'autre, c'est moi que tu dois épouser.

Mohini regarda les deux répugnantes créatures, dont la bouche était souillée de sang, et dit :

– Voyons, pour qui me prenez-vous? Je ne puis vous épouser tous les deux. Je me marierai avec le plus fort et le plus puissant.

Aussitôt, les deux démons se sautèrent à la gorge pour voir qui allait gagner la main de Mohini. Les échos de leur lutte ébranlèrent l'univers : la mer creva ses digues, le soleil s'enfuit dans le monde souterrain et la lune, déjà d'une pâleur romantique, devint blafarde. La bataille fit rage pendant des jours et des nuits. Les démons se déchiraient le visage et s'arrachaient les yeux; ils s'ouvraient la gorge et se mordaient le cou. Dès que l'un d'eux faiblissait, Mohini l'encourageait d'un regard et le combat reprenait de plus belle, jusqu'au moment où les deux démons, épuisés, tombèrent morts à ses pieds.

Mais après avoir accompli sa tâche, Mohini fit une erreur fatale. Elle se regarda dans une flaque d'eau et songea : « Admirable! Je comprends pourquoi ces deux monstres voulaient m'épouser! » Eprise de sa propre beauté, elle s'en alla d'un pas nonchalant, contemplant au passage son reflet dans les mares et les rivières. Elle oublia complètement qu'elle était en réalité Vichnou. Elle croyait être Mohini et pensait qu'une femme aussi belle méritait un mari. Elle vint trouver le Seigneur Shiva et lui proposa de devenir sa femme.

Shiva accepta son offre et suggéra que la cérémonie soit célébrée par Brahma, le Créateur.

Mais quand ils mirent Brahma au courant de leur projet, le vénérable dieu s'écria d'un air épouvanté :

– Voyons, Mohini, tu ne peux épouser Shiva!

– Et pour quelle raison? demanda Mohini.

(A ce moment, en pensant au dénouement d'une

histoire qu'il avait déjà racontée des milliers de fois, Baba était pris d'un tel fou rire que les larmes lui venaient aux yeux.)

– Mais, parce que tu es... Vichnou!

Comme toute chose avec Baba, cette fable humoristique prenait une autre dimension. Il ajoutait toujours pour terminer que l'amnésie de Mohini, qui l'avait mise dans cette triste situation, ressemblait à la nôtre. Comme elle, nous sommes Dieu, mais nous ne pouvons le croire. Comme Vichnou, nous sommes le Soi, le Seigneur de l'Univers, mais à cause de notre identification erronée avec le corps et l'esprit, nous croyons que nous sommes une jolie femme, un écrivain, un conducteur de métro, une mère de trois enfants.

Comment une telle métamorphose peut-elle se produire? Comment Dieu peut-il oublier qui il est et devenir un être humain? Un texte yoguique donne cette explication : « *Chiti*, la Conscience universelle, descendant du plan de l'Absolu, se contracte et devient l'esprit. Cette contraction fait d'Elle un être humain ordinaire, sujet aux limitations[1]. »

Ou, en langage simple : Dieu, en limitant son propre pouvoir, devient vous et moi.

DIEU N'EST PAS DIFFÉRENT DE VOUS-MÊME

Un jour quelqu'un demanda à Baba :
– Quand vous regardez un arbre, voyez-vous Dieu en lui?

Et Baba répondit :
– Je ne vois pas Dieu *en* cet arbre, je vois Dieu sous la forme de cet arbre.

De même nous dit-il : « Dieu demeure en vous, il est vous-même. »

Car, selon Baba et les Écritures, Dieu ne nous a pas créés comme un charpentier construit une maison, avec des matériaux totalement étrangers à lui-même. Non, Dieu, le Soi, la Conscience universelle (comme vous préférez) *nous crée en devenant nous-mêmes,* tout comme l'or devient un bracelet ou tout comme l'acteur joue un certain rôle.

Cependant, tout en devenant nous-mêmes, Dieu demeure ce qu'il est, de même qu'un bracelet en or n'est autre que de l'or ou que Sylvester Stallone, tout en jouant le rôle de Rocky ou de Rambo, est toujours Sylvester Stallone.

Les *Shiva-Sutras* déclarent : « Le Soi est un acteur[2]. » Car, disent les Siddhas, toutes les créatures de l'univers ne sont que les différents personnages joués par un acteur unique, Dieu.

LE SOI EST LA SCÈNE

Mais ces mêmes sutras vont encore plus loin. Ils déclarent non seulement que « le Soi est l'unique acteur », mais aussi que « le Soi est la scène sur laquelle se joue la pièce[3] »! C'est le Soi qui est devenu ce monde et tout ce qu'il contient. Ou, comme dit le grand poète Siddha Jnaneshvar :

Un mur décoré d'une fresque reste toujours un
[mur.
De même, le Principe Suprême demeure identique
[à Lui-même
Tout en apparaissant sous la forme de l'univers[4].

Mais, vous vous demanderez peut-être comment s'y prend la Conscience divine pour faire tout cela? Comment devient-Elle un terrain de football, un souper aux chandelles, la littérature, le sens du toucher et de l'odorat, un rhododendron, une fourmi, un avion, et la moustache de votre frère ? Voici l'explication de Jnaneshvar :

Quand Il apparaît devant Lui-même sous différen-
[tes formes,
La Conscience devient Voyant,
Et ce qui se manifeste est ce qui est vu,
Tout comme un visage reflété dans un miroir
Devient objet de perception.

Il crée le Voyant à partir de son Être même
Et le présente à Lui-même.
Ainsi apparaît la triade :
Voyant, vu, action de voir.

Mais de même qu'une pelote de ficelle
N'est faite que de ficelle,
A l'intérieur comme à l'extérieur,
Comprenez que cette triade n'est point triple.

Un visage, pourtant unique,
Apparaît dans le miroir.
Et cette contemplation engendre tout naturelle-
[ment
L'acte de voir.

Ô toi qui es illustre !
De la même manière, la Conscience,
Sans se diviser,
Paraît prendre une triple forme.

Savoir cela, c'est connaître le secret de l'uni-
[vers[5].

Aimeriez-vous connaître le secret de l'univers ? Eh bien, Jnaneshvar vous le livre : cet univers où apparaissent des milliards d'objets et de créatures, où ont lieu des milliards d'actions et de perceptions, n'est en réalité qu'un Être unique, tout comme les mondes, les objets et les personnages qui apparaissent en rêve ne sont point différents du rêveur. C'est comme si Vichnou n'était pas seulement devenu Mohini, mais également les démons, les cieux, le soleil et la lune, les dieux apeurés, et la mare d'eau qui reflétait son visage.

CONTRACTION ET CRÉATION

Mais afin de pouvoir devenir nous-mêmes et l'univers, le Soi doit, à un certain moment, limiter provisoirement ses pouvoirs et oublier qui il est.

Réfléchissez. Si le Soi était conscient de son omniprésence, il ne pourrait pas prendre de formes individuelles. S'il savait qu'il est Dieu, il ne pourrait faire semblant d'être un trottoir, du jus de pommes, vous et moi. S'il se savait omniscient, il n'y aurait pas besoin d'universités, d'étudiants et d'enseignants. Pas besoin de livres, de détectives ou d'astrologues. S'il était toujours plongé dans sa propre béatitude, quel besoin aurait-il de faire quoi que ce soit ?

Alors, le Soi réduit volontairement ses pouvoirs, à la façon d'une tortue qui rétracte ses membres ou d'un jeune acteur en parfaite santé qui, pour quelques heures, prend l'aspect d'un vieillard impotent. Le Soi demeure le Soi. Ses pouvoirs demeurent intacts mais, afin de jouer au jeu que l'on appelle l'univers, il préfère s'abstenir de les utiliser pendant quelque temps. Ce n'est pas moi qui ai inventé ce mot de « jeu » à propos de l'univers : c'est le terme employé par les Écritures, correspondant à *vilas*, une mise en scène, ou à *lila*, un jeu.

Et puis, comme la plupart d'entre nous, le Soi se laisse tellement prendre au jeu qu'il semble oublier qui il est.

Cela arrive très facilement. Un jour, quand j'étais étudiant, je fus invité dans la maison de campagne d'un ami. C'était du temps de Kennedy. Nous décidâmes de faire une partie de football. A cette époque, j'étais plutôt lourdaud; j'avais les cheveux longs, une carrure athlétique et l'air d'un voyou. Dans l'équipe adverse, il y avait un minuscule petit bout de femme, épouse d'un technicien de télévision.

Ce n'était qu'un jeu, mais les esprits s'échauffèrent de plus en plus. Mon ami s'élança pour traverser le terrain, et j'étais censé le protéger. Quand la petite femme essaya de l'attraper, je me précipitai sur elle et l'envoyai balader à plus de cinq mètres! Elle resta étendue dix bonnes minutes, à moitié inconsciente. Les autres se pressaient autour d'elle et me regardaient comme si j'étais un sauvage, et en fait ils n'avaient pas tort.

Elle finit par se remettre et on l'aida à sortir du terrain. Bien qu'elle ne fût pas gravement touchée et qu'elle eût la gentillesse de me pardonner, je devins le bouc émissaire pour le reste du week-end. On ne cessait de me demander : « Mais pourquoi l'as-tu descendue ainsi? » Et la seule réponse que je pouvais donner, c'était que je m'étais énervé. J'avais oublié qui j'étais, et qui elle était. J'avais oublié, voyez-vous, qu'il ne s'agissait que d'un jeu.

Selon le yoga, c'est là précisément notre situation. Cet univers n'est qu'un jeu, une pièce de théâtre dont nous sommes les acteurs, nous, le Soi. Mais une fois entrés dans le jeu et investis de notre rôle, nous oublions qui et ce que nous sommes en réalité. Nous avons provisoirement perdu la plupart de nos facultés. Victimes de cette amnésie cosmique, nous croyons dur comme fer à ce que nous vivons et à notre personnalité. Chaque fois que quelqu'un sort du jeu, nous pleurons. Et quand un nouveau joueur fait son entrée, nous offrons des cigares.

LE JEU DE LA CONSCIENCE

S'appuyant sur cette vision du monde, les Gurus du Siddha Yoga, contrairement à certains sages, ne nient pas l'existence de l'univers, ni n'affirment que ce monde est illusoire ou irréel. Comment le serait-il? Le monde, et toutes les créatures qu'il contient, est Dieu Lui-même sous une forme, certes, contractée et pratiquement impossible à reconnaître.

C'est pourquoi le Siddha Yoga considère le monde comme un « jeu de la Conscience ». C'était, aux yeux de Baba, un point tellement fondamental qu'il en fit le titre de son autobiographie spirituelle, *Chitshakti Vilas*, et baptisa son successeur Swami Chidvilasananda.

Mais quelle est la nature de ce jeu de la Conscience qu'est l'univers? Selon le yoga, il s'agit d'une autorévélation. L'univers, c'est Dieu se révélant à Lui-même. Comme le dit Jnaneshvar : « C'est la Conscience, et elle seule, qui devient Celui qui voit, ce qui est vu et l'acte de voir[6]. » C'est comme un paon regardant sa queue, ou comme un pianiste s'émerveillant lui-même des morceaux qu'il joue, puisés dans son inépuisable répertoire. On peut également exprimer cela ainsi : Dieu, ayant revêtu notre forme, regarde à travers nos yeux et se voit sous l'aspect du monde.

Par exemple, quand nous regardons un coucher

de soleil, c'est le Soi qui jouit de sa propre beauté. Le spectacle d'un petit chiot ou d'un bébé donne au Soi l'occasion d'apprécier sa nature adorable. Un orage lui révèle sa propre puissance et son aspect grandiose; une nuit silencieuse, sa paix et sa sérénité.

Mais si le Soi est éternel et immuable, pourquoi ce monde – qui est le Soi – est-il perpétuellement changeant? Jnaneshvar l'explique également :

Innombrables sont les formes et les objets qui se
[manifestent,
Mais leur essence est la pure Conscience, qui est
[une.

Cette conscience unique qui est le fondement de
[toute chose
Est tellement éprise de sa propre forme
Qu'elle n'a pas envie de se contempler
Dans le miroir de l'univers
Parée deux fois des mêmes bijoux.

Possédant d'immenses ressources,
Elle se manifeste
A chaque instant sous une forme différente.

Elle se lasse bien vite
Des objets qu'Elle crée,
C'est pourquoi Elle ne cesse de produire,
Pour son propre plaisir,
Des paysages toujours nouveaux[7].

LE KARMA

Mais si le yoga affirme que l'univers n'est qu'un jeu divin, celui-ci n'en obéit pas moins à des règles strictes et impartiales. L'une d'elles est la loi universelle de cause à effet, appelée en Orient *Karma*. La loi du karma veut qu'à chaque action corresponde une réaction.

L'autre matin, tandis que je faisais du jogging dans les allées de Riverside, je vis une femme attaquée par un voleur qui lui arracha son porte-monnaie, la jeta par terre et prit la fuite. Mais il fut rattrapé par deux robustes joggers qui sortirent prestement des menottes et des postes émetteurs, puis poussèrent le voleur à l'arrière d'un fourgon. Les « joggers » en question étaient en fait des policiers en civil.

Cette arrestation n'était pas le fruit du hasard. J'étais juste derrière le voleur mais personne n'a cherché à m'arrêter. Cette scène illustrait bien la notion de cause à effet : c'était du karma instantané. Le voleur accomplit une certaine action, le vol, et en reçut aussitôt le fruit : arrestation et incarcération.

Mais s'il avait réussi à s'échapper, comme c'est souvent le cas ? S'il avait emporté l'argent de cette femme et continué à prospérer dans ses activités criminelles ? En ce cas, il y aurait eu délit sans punition apparente.

Eh oui, disons-nous avec un haussement d'épaules, la vie est injuste. C'est ainsi que la plupart d'entre nous considérons le monde. Nous croyons au karma, mais seulement dans une certaine limite. Si nous lançons un pavé dans une vitrine, nous avons la certitude que nous allons entendre le fracas de la glace qui se brise; mais si nous trompons quelqu'un, si nous abusons de la confiance d'autrui, nous pensons pouvoir nous en tirer impunément.

Mais les Siddhas nous disent que c'est tout à fait impossible. Dans le monde physique, toute action entraîne une réaction de même intensité et de sens opposé, et il en va de même dans le domaine moral et métaphysique. *Toutes* les actions portent leurs fruits. Ce qui nous fait croire le contraire, c'est le fait que différents karmas mettent plus ou moins de temps à mûrir.

Nous savons que cela est vrai dans la nature. Une action ne produit pas toujours un effet immédiat. Il semble qu'il ne se passe rien de particulier quand la pluie tombe sur du cuivre; mais, au bout de quelques années, le cuivre ainsi exposé aux intempéries se recouvre d'une belle patine turquoise.

Si l'on met la main dans le feu, la douleur est immédiate; mais si l'on est exposé à certains produits toxiques, les symptômes mettront peut-être des années à se manifester.

De même, certaines actions peuvent sembler ne pas produire de fruits, mais le yoga affirme qu'elles fructifieront obligatoirement, et si ce n'est en cette vie, ce sera dans la prochaine.

LA RÉINCARNATION

Toutes les apparentes iniquités et injustices du monde s'expliquent aussitôt lorsqu'on accepte la réalité du karma et son inévitable corollaire, la réincarnation. Pourquoi un enfant naît-il en bonne santé et un autre avec une malformation? Pourquoi tel étudiant est-il brillant et tel autre à la traîne? Pourquoi telle personne s'intéresse-t-elle à la méditation, une autre à la politique et une troisième à l'art? Pourquoi cet artiste a-t-il du talent et pas cet autre?

A cause du milieu, dit-on parfois. Des étoiles. De la nourriture. Des gènes. Du destin. Mais toutes ces réponses ne font que repousser le problème.

Pourquoi quelqu'un naît-il dans un environnement favorable à son épanouissement et un autre dans la misère? Pourquoi celui-ci a-t-il des gènes sains et un autre des gènes qui vont lui gâcher la vie?

C'est le hasard, disons-nous. Mais le yoga dit que le hasard n'existe pas. Le yoga dit que *tout* est l'effet d'une cause antérieure. Les circonstances dans lesquelles nous naissons, la durée de notre vie et ses conditions ne sont pas le fruit du hasard mais de nos actions passées.

Dans certains cas, cela est évident. Nous connaissons tous des exemples où les gens ont eux-mêmes abrégé ou prolongé leur vie : l'ivrogne qui meurt victime de son vice ou qui au contraire cesse de boire et guérit miraculeusement. Cependant, beaucoup d'événements demeurent inexplicables si l'on s'en tient aux actions accomplies en cette vie actuelle : l'enfant innocent renversé par une voiture, un brave homme qu'une terrible maladie rend infirme, un homme honnête et travailleur, ou une femme, qu'une catastrophe naturelle dépouille de tous ses biens.

Mais si des événements nous semblent injustes et inexplicables, c'est pour l'unique raison, nous dit le yoga, que nous n'en voyons pas la cause, cachée derrière le voile d'une vie antérieure.

On peut comparer cela à un feuilleton de télévision pris en cours de route : on se demande alors pourquoi Alex est si pauvre et Henriette si riche. Mais si on avait suivi l'épisode précédent, on saurait qu'Alex est pauvre parce qu'il a perdu son héritage au jeu et qu'Henriette est riche parce qu'elle s'est privée pendant des années pour faire des économies. De même, le yoga dit que cette vie n'est qu'un épisode d'un long mélodrame qui se poursuit indéfiniment.

Bien sûr, il n'est pas nécessaire de croire en la

réincarnation pour adopter la voie du yoga. Au début, je n'y croyais pas du tout. Ce n'est que plus tard, après avoir pratiqué pendant un certain temps la méditation sous la direction de Gurumayi, que j'ai fini par en accepter la réalité.

Un jour, au cours d'une méditation profonde, je vis apparaître un homme de forte carrure, portant une cape et un haut-de-forme. Il tenait une sacoche de médecin et marchait en traînant la jambe le long d'une rivière que je savais être la Mersey. Cet homme était médecin et avait consacré sa vie au service des pauvres. Je savais également que j'avais été cet homme dans une existence antérieure et, au sortir de ma méditation, j'avais enfin les réponses à une douzaine de petits mystères : depuis ma passion pour la médecine, qui remontait à l'enfance, jusqu'à la légère déformation de mon pied gauche, avec laquelle j'étais né – la seule trace de ce qui avait été une terrible claudication. Je compris aussi pourquoi, à l'âge de dix-sept ans, j'avais passé l'été à travailler bénévolement dans les bidonvilles de Liverpool, et pourquoi, à la suite de cela, j'avais été invité au palais de Buckingham pour recevoir les félicitations de la reine mère. Jusqu'alors, cet épisode me semblait être un caprice du destin. Mais cette méditation me fit comprendre qu'un tel honneur n'était pas uniquement la récompense de ce que j'avais accompli cet été-là, mais de toute une vie antérieure consacrée au service d'autrui. Tous les actes portent leurs fruits. Il ne peut y avoir de cause sans effet. Je n'avais reçu aucune récompense dans ma vie passée, il me fallait donc en recevoir une dans celle-ci.

LE TÉMOIN

Mais, demanderez-vous, comment la loi du karma nous dispense-t-elle ainsi récompense ou punition?

C'est le Soi qui applique cette loi, et la nature du Soi est chit, Conscience universelle. Le Soi voit tout et s'en souvient. Aucune action n'est trop secrète, trop ancienne, trop inconsciente ou trop infime pour échapper à son attention.

Baba racontait cette histoire d'un Guru qui remit un jour une pomme à chacun de ses deux disciples en leur recommandant d'aller la manger là où ils ne pourraient être vus de personne. Le premier disciple s'en alla dans la jungle, se dissimula derrière un rocher et attendit la tombée de la nuit pour manger sa pomme dans le plus grand secret. Le second disciple erra plusieurs jours et retourna finalement auprès du Guru sans avoir touché à sa pomme. Le Guru, feignant la colère, lui demanda pourquoi il n'avait pas suivi ses indications.

« Guruji, répondit le disciple, j'ai essayé de vous obéir, mais chaque fois que je m'apprêtais à manger cette pomme, je me voyais moi-même en train de le faire. »

Ce témoin omniprésent, c'est le Soi. En Occident, nous le baptisons conscience. Selon le yoga, il observe toutes nos actions et nous en offre impartialement les fruits. C'est pour cela que les saints nous enjoignent d'être vigilants et d'accomplir de bonnes actions. Car, comme le dit Gurumayi : « On n'a aucune idée de ce que l'on a pu accomplir dans le passé. On ne sait jamais quand l'une de nos actions va montrer sa tête et nous dire : " Coucou! Tu te souviens de moi? " »

LA ROUE DU SAMSARA

Mais, selon le yoga, la libération ne s'obtient pas simplement en étant bon. Même nos bonnes actions sont une source d'enchaînement. Les Ecritures comparent l'existence à une grande roue sur laquelle tournent toutes les créatures de l'univers, accomplissant des actions et en recevant les fruits. Les bonnes actions nous font renaître dans des circonstances favorables, les mauvaises dans des conditions difficiles.

Notre corps physique lui-même est le fruit de nos bonnes actions. Croyez-vous vraiment que ce soit purement le fruit d'un heureux hasard si vous êtes né à Long Island sous une forme humaine, alors qu'une autre âme s'est incarnée dans le désert du Kalahari sous la forme d'un scarabée ? Le grand saint-poète Namdev dit :

Nous finissons par renaître
Sous une forme humaine.
Cela ne se produit
Que vers la fin du cycle.
Si nous gâchons cette occasion,
Le cycle recommence...
Découvre le Soi intérieur
En ce corps même.
Cherche-le sans relâche,
Sinon, il te faudra revenir.

Ce cycle est appelé l'océan du *samsara*, la roue des morts et des renaissances. En Occident, on a tendance à croire que la vie est une chose passionnante. Mais du point de vue yoguique, sans l'illumination, la vie est une source de souffrances, car la naissance, si favorable soit-elle, entraîne la perte quasi totale de nos facultés divines.

Comment en sommes-nous arrivés là? Comment nous sommes-nous retrouvés enchaînés à cette roue? Là encore, comme Vichnou, *alias* Mohini, en oubliant qui nous sommes. Tous nos problèmes, disent les Siddhas, proviennent du fait que nous ne connaissons pas notre nature véritable. Nous croyons que nous ne sommes pas le Soi, et en conséquence nous nous sentons imparfaits. Nous éprouvons certains besoins, certains manques, qui nous poussent à l'action, en vue d'obtenir telles choses et d'en éviter telles autres. C'est ainsi que nous nous prenons aux mailles du karma.

Et c'est là, d'après le yoga, ce qui constitue la véritable tragédie de la condition humaine. Le Soi, ayant oublié qui il est, accomplit toutes sortes d'actions égoïstes qui l'enchaînent à la roue des renaissances. On naît, on récolte les fruits de son karma, on meurt, puis on renaît et de nouveau l'on meurt, en une ronde quasi perpétuelle et impossible à arrêter. Les bonnes actions nous ouvriront peut-être les portes du palais de Buckingham, mais elles ne pourront nous libérer de cette roue.

N'y a-t-il donc aucun moyen de s'en sortir?

Kabir se posa lui aussi cette question. Observant un moulin qui broyait du grain, il prit conscience de ce cycle terrifiant à l'échelle de l'univers. Il vit que tous les êtres, y compris lui-même, étaient destinés à se faire écraser comme des grains de blé par la terrible roue du temps. Tremblant de peur, il se mit à pleurer. Un derviche qui passait par là, remarquant sa détresse, s'approcha de lui et lui en demanda la raison. Kabir désigna la meule et s'écria que lui aussi allait se faire broyer comme tous ces grains.

Le saint homme demanda alors au meunier

d'arrêter la meule et d'en soulever la pierre supérieure. Montrant la tige qui reliait les meules supérieure et inférieure, il fit voir à Kabir que les grains qui se pressaient contre elle étaient intacts. « Kabir, dit-il alors, cette tige, c'est le Principe du Guru, autour duquel gravite tout l'univers. Pour échapper à la meule du temps, tu dois trouver un Guru et te blottir contre lui. »

Kabir voulut savoir où il pourrait trouver un tel être. « A Bénarès, lui dit le derviche, il y a un grand Guru nommé Ramananda. Va le voir. Lui seul peut te sauver de la roue des morts et des renaissances. »

Comment le Guru peut-il nous sauver? En nous montrant qui nous sommes vraiment. En nous disant : « Tu n'es pas Mohini, tu es Dieu en personne. En toi brille une magnifique lumière divine! »

Car, en fin de compte, ce qui nous enchaîne, c'est simplement notre ignorance, ce sont les mots qui résonnent dans notre tête. C'est pourquoi il n'est pas nécessaire de changer; nous devons simplement devenir celui et ce que nous sommes réellement. Baba dit : « Si le Soi pouvait " s'atteindre ", il pourrait aussi " se perdre ". En suivant la voie du yoga, on n'atteint rien de particulier; on prend simplement conscience d'être le Soi et d'être déjà parvenu jusqu'à lui. »

Ceci n'est pas accompli par l'intellect. Il ne s'agit pas de se souvenir brusquement de la capitale du Brésil. Il s'agit d'*être* à Brasilia, de s'y nourrir et de s'y désaltérer.

Alors, comme Kabir, conscients qu'il n'y a pas d'autre solution, mettons-nous à présent en quête d'un Guru.

CHAPITRE 4

LE GURU

Le Guru n'est pas différent du Soi, de la Conscience.
Sans l'ombre d'un doute, cela est la vérité, la
[vérité.
C'est pourquoi le sage fait l'effort de le rechercher.

Guru Gita

L'une des raisons pour lesquelles je choisis de faire mes études à Harvard fut sa devise : *Veritas*, la Vérité. J'étais sans doute naïf, mais je croyais sincèrement que j'allais découvrir cette Vérité derrière ses murs couverts de lierre. J'y trouvai effectivement un certain nombre de braves gens qui parlaient de la Vérité, qui en faisaient leur thème de recherche, qui écrivaient des articles, compulsaient des livres et débattaient sur ce sujet, mais aucun d'entre eux ne me semblait en avoir une expérience vécue.

Au bout d'un certain temps, je finis par éprouver ce qu'éprouve celui qui meurt de faim et à qui on fait l'historique de l'industrie laitière au lieu de lui donner la crème glacée qu'il désire! Des experts lui indiquent le prix et la composition de la crème glacée. D'autres affirment que voilà des milliers d'années, dans un lointain pays, des gens ont réellement consommé de la crème glacée, qu'ils ont écrit des ouvrages à son sujet, ont parlé de la saveur sucrée et du froid qui la caractérisait. Mais ce qui m'intéressait, c'était de pouvoir en manger et non pas seulement d'en entendre parler.

Ce fut cette même quête de la Vérité qui m'attira tout d'abord vers la littérature. Je crois avoir entrevu la Vérité, par moments, dans les ouvrages romanesques. J'étudiai l'art d'écrire avec le grand romancier et nouvelliste américain Bernard Malamud. Dans l'un de ses romans, *The Assistant,* on trouve un dialogue exprimant exactement cette idée :

« Il lui demanda quel livre elle lisait.
– *L'Idiot.* Tu connais ?
– Non. De quoi ça parle ?
– C'est un roman.
– Je préférerais lire la vérité, dit-il.
– C'est la vérité[1]. »

La Vérité, en d'autres termes, n'est pas une information. Sinon, elle nous serait fournie par le journal, les statistiques ou l'ordinateur. La Vérité est avant tout une expérience intérieure, c'est pourquoi on l'entrevoit quelquefois dans les œuvres d'art.

Malheureusement, même chez l'artiste en qui elle souffle, la Vérité n'est pas forcément révélée dans toute sa plénitude. Nous connaissons ce genre de personnages qui, semblables à une louche ignorant le goût du nectar qu'elle sert, nourrissent le monde entier tandis qu'eux-mêmes meurent de faim.

Finalement, l'art, même dans sa plus haute expression, est incomplet. J'ai connu quelqu'un qui s'est pendu dans une pièce remplie de Rembrandt. L'art et la littérature, en dépit de leur pouvoir et de leur beauté, ne sauraient sauver du naufrage une vie sans foi ni loi, ni se substituer à l'expérience vécue, pas plus que les mots ne peuvent nous communiquer la saveur de la crème glacée.

De même, on ne parvient pas au Soi simplement en pensant à lui, en lisant des textes le concernant ou en entendant parler de lui. Cela reste du domaine de la littérature, de l'art, de la philosophie et de la religion. Pour obtenir une *expérience* du Soi durable et qui transforme notre vie, dit le yoga, il faut entrer en contact avec un Guru[2].

LA NÉCESSITÉ D'UN GURU

Le plus drôle, c'est que cela constitue précisément la pierre d'achoppement pour de nombreux chercheurs. Car si le mot « philosophie » fait fuir les Occidentaux, le mot « Guru » les fait écumer. Et pourtant, les paroles de Muktananda ont l'accent d'une vérité chèrement acquise : « On ne peut atteindre le Soi, écrit-il, par le seul effort personnel. Je peux dire à tous ceux qui le croiraient qu'ils se trompent. J'ai passé quarante ans de ma vie à errer, pensant que je pourrais atteindre la Vérité par mes propres moyens. Ce n'est qu'au bout de toutes ces années, lorsque j'eus rencontré mon Guru et commencé à suivre ses instructions, que je suis parvenu à un résultat. »

Ni Muktananda ni les chercheurs de la tradition yoguique ne sont les seuls à être parvenus à cette conclusion. Un ouvrage de la religion grecque orthodoxe, la *Philokalia*, déclare :

Il est nécessaire de chercher un instructeur
Qui ne soit point lui-même dans l'erreur
Et de suivre ses directives.
Si l'on n'en connaît pas,
Il faut en chercher un sans ménager ses efforts[3].

Rumi, le grand maître soufi, écrit :

Ne comptez pas sur vos facultés, ni sur vos
[propres forces...
Celui qui emprunte cette voie sans guide
Mettra un siècle
Pour accomplir un voyage de deux jours.

Quant à ces paroles de Jésus : « Je suis le Chemin, la Vérité, la Vie » et : « Nul ne vient au Père que par moi », elles peuvent s'interpréter moins comme une confirmation de sa place unique dans l'histoire que comme un rappel du rôle éternel du Guru.

L'ÉTERNEL GURU

Le Guru n'est donc pas un individu particulier, mais un Principe cosmique éternel. Le pouvoir divin appelé *maya*, l'illusoire, nous dissimule notre véritable nature et nous fait croire que nous sommes autre chose que ce que nous sommes en réalité; parallèlement, un autre pouvoir divin appelé Guru dissipe notre ignorance et nous révèle notre Moi véritable.

La syllabe *gu* désigne l'obscurité
et la syllabe *ru* la lumière.
Ainsi le Guru est cette connaissance suprême
Qui absorbe les ténèbres de l'ignorance[4].

Il s'agit d'un pouvoir primordial et universel; il est à l'œuvre en tout lieu, et de tout temps. Tout en transcendant le monde temporel, il se trouve également en chacun de nous.

Le Principe du Guru se meut et ne se meut point.
Il est lointain et proche à la fois.
Il est présent à l'intérieur comme à l'extérieur
   de toute chose[5].

Même en l'absence de Gurus humains, le Guru n'en existerait pas moins : « Dieu est le Guru du plus ancien de tous les Gurus[6]. »

Mais, bien que présent en chacun de nous, le principe du Guru n'est guère accessible, sauf par l'entremise d'un Guru humain. Il s'agit là d'un point subtil, mais capital. Car si le Guru *n'est pas* un individu mais une énergie divine présente en chacun de nous, le Guru humain sert de canal à cette énergie, tout comme une prise de courant nous permet d'utiliser l'électricité. Même si nous disposons d'un voltage important, sans la prise de courant il ne sert à rien. Le *Kularnava Tantra* exprime cela ainsi :

Bien que la vache ait du lait,
Il s'écoule nécessairement par son pis.
De même, bien que Dieu soit partout,
Sa grâce est dispensée
Par l'intermédiaire du Guru.

C'est pourquoi les *Shiva-Sutras* déclarent : *Gururupaya*, « Le Guru est le moyen[7]. » Un autre texte shivaïte dit : « Le Guru est le divin pouvoir de grâce[8]. »

Quand cette grâce entre dans notre vie, elle accomplit des miracles – entre autres, et non des moindres, celui de nous révéler notre propre nature divine :

> Il faut découvrir le Soi intérieur,
> A l'aide de la grâce du Guru.
> En empruntant cette voie du Guru,
> On découvre son propre Soi[9].

LA RENCONTRE DU GURU

Trouver un tel maître est donc d'une importance primordiale quand on suit une voie spirituelle. Mais comment s'y prendre?

En un sens, nous n'avons rien à faire. Le Guru entre dans notre vie dès que nous sommes prêts à le rencontrer, et pas avant. Comme on le dit : « Quand l'élève est prêt, le maître apparaît. » Et souvent, ajouterai-je, d'une manière tout à fait inattendue.

Je connais quelqu'un qui passa des années en Inde, à la recherche d'un maître. Finalement, déçu et épuisé, il rentra en Californie. Et là, il rencontra Baba dans une station-service, à quelques mètres de chez lui. De nombreuses personnes qui se trouvent loin du Guru le voient aussi apparaître dans leurs rêves. Cela n'a rien de surprenant puisque, comme nous l'avons vu, le Guru humain est en réalité l'expression du principe du Guru intérieur. Quand ce principe souhaite se révéler à nous, il prend la forme d'un Guru humain.

Ce principe du Guru, transcendant le temps et l'espace, peut donc nous apparaître n'importe où et à n'importe quel moment. Un vieux monsieur japonais raconte que dans son enfance il s'était un jour rendu dans une église avec ses parents. Pendant la messe, il eut la vision d'une femme vêtue de rouge, très belle; en la voyant, il eut la conviction de se trouver en présence de Dieu.

Cinquante ans plus tard, dans un auditorium de Tokyo, il vit une photo de Gurumayi drapée dans une étoffe rouge. Il ne put retenir ses larmes, car il reconnut en elle la vision de son enfance, bien qu'à cette époque Gurumayi ne fût pas encore née.

Une expérience mystique comme celle-ci nous donne une foi inébranlable quant à l'authenticité, à la nature et au pouvoir du Guru. Mais pour la plupart d'entre nous, le Guru ne fait pas irruption dans notre vie d'une manière aussi spectaculaire. Comment savoir, en ce cas, s'il s'agit d'un véritable Guru?

LES QUALIFICATIONS D'UN VRAI GURU

Mon père est un consommateur particulièrement consciencieux. Avant d'acheter tout objet de valeur, il l'examine sur toutes les coutures. Franchement, si l'on prenait autant de soin à choisir un Guru que mon père un grille-pain, il n'y aurait aucun problème. Mais, dès qu'il est question de maîtres spirituels, on dirait que les gens deviennent aussitôt d'irrationnels paranoïaques ou d'incroyables naïfs. On accepte sans discussion un Guru présumé ou bien on le rejette systématiquement, dans un cas comme dans l'autre sans même examiner ses lettres de créance. Ces deux attitudes sont dangereuses et manquent de discernement.

Un proverbe indien dit : « Filtrez l'eau avant de la boire, et observez attentivement celui que vous envisagez de prendre pour Guru. » C'est la sagesse même. Dans tous les domaines on trouve un certain nombre de charlatans, d'originaux et d'imposteurs, que ce soit dans le monde des affaires, de la finance ou dans celui des arts et de la science, et la vie spirituelle ne fait pas exception. Alors, ayez un minimum de bon sens.

Choisissez un instructeur spirituel avec le même soin que vous choisissez une école ou une banque. Dans une banque, vous n'investissez que votre argent; mais c'est votre âme immortelle que vous remettez entre les mains du directeur spirituel.

C'est pourquoi les textes yoguiques qui prônent la nécessité d'avoir un Guru formulent également des critères précis permettant de ne pas se tromper dans son choix. Un instructeur qui répond à ces qualifications est appelé Siddha Guru ou *Sadguru*.

J'expliquai un jour cela à un ami qui s'apprêtait à rencontrer Baba pour la première fois. Quand il eut fait sa connaissance, il remarqua : « Pour un Guru que l'on dit triste*, il m'a paru bien enjoué! » Sad, évidemment, ne veut pas dire « malheureux », mais vrai. C'est un dérivé de sat, la Vérité, l'Être absolu, ce principe suprême qui existe partout, de toute éternité. La première qualification d'un Sadguru, c'est qu'il (ou elle) doit être totalement uni à ce Principe. Cela va de soi. En effet, si le Guru ne connaît pas la Vérité, comment pourrait-il la transmettre? Celui qui n'a jamais vu la capitale du Brésil peut-il en parler valablement?

Certes, ces grandes âmes ne se rencontrent pas fréquemment. Cependant, les Gurus n'ont jamais cessé d'être présents, dans toutes les traditions religieuses. En Orient on les nomme Siddhas, en Occident des saints. Ils sont l'incarnation même de la Vérité, c'est pourquoi ils enseignent autant par l'exemple que par les paroles.

On demanda un jour à un disciple du Baal Shem

---

* En anglais, *sad* signifie triste, malheureux (*N.d.T.*).

86

Tov, un grand sage de la tradition hassidique, ce que son maître enseignait.

Le disciple répondit : « Je ne vais pas auprès de mon maître pour l'entendre enseigner, mais pour le voir lacer ses sandales. »

En effet, le Guru agit toujours sous l'inspiration divine; chacune de ses actions exprime la Vérité. Les *Shiva-Sutras* disent de lui : « Chacune de ses paroles est un mantra, la connaissance du Soi est le cadeau qu'il offre à chacun[10]. » Un commentaire conclut ainsi : « Il suffit de voir ou de toucher un tel yogi pour être libéré du cycle du samsara[11]. » Telle est l'inestimable valeur d'un Siddha Guru.

Deuxièmement, dit-on, le Guru doit avoir une parfaite connaissance des Écritures. Il ne s'agit pas d'une simple connaissance intellectuelle, mais de celle qui jaillit de l'état d'union avec l'Esprit, l' « Universel », que toutes les Écritures tentent de décrire.

Gurumayi évoque ce souvenir :

> Beaucoup d'érudits venaient voir Baba. Ils étaient si desséchés, répétant comme des perroquets des versets des *Vedas* et d'autres textes philosophiques! Au bout de deux heures, ils demandaient à Baba : « Avez-vous quelque chose à dire? – Non », répondit Baba. Ils n'y comprenaient rien. « N'avez-vous jamais lu les Écritures? lui demandaient-ils alors. – Si, disait Baba. – Et vous ne trouvez rien à dire? – Non. » Ils le regardaient d'un air ahuri. Mais à force de le regarder, le silence s'établissait en eux peu à peu et, quand il était complet, ils obtenaient une expérience de cette Vérité dont parlent les textes.

LA LIGNÉE

La troisième qualification d'un vrai Guru, c'est qu'il (ou elle) doit appartenir à une lignée spirituelle de Gurus et être investi de la fonction de Guru par son propre Guru.

En d'autres termes, on reproduit ce que l'on est : les médecins produisent des médecins, les juristes des juristes; les chats produisent des chatons, les pommiers donnent des pommes et non des figues. De même, on devient Guru quand on est investi dans cette fonction par un autre Guru, qui lui-même avait été nommé par son propre Guru, et ainsi de suite, en une lignée ininterrompue. De même que les souverains et les pur-sang font partie d'une lignée, un Sadguru doit lui aussi se rattacher à une authentique lignée de maîtres spirituels. En d'autres termes, on ne naît pas Guru, on est nommé Guru.

C'est pourquoi on ne peut pas se réveiller un beau matin en décrétant que l'on est désormais un Guru. On peut toujours le faire, bien sûr, mais quel sens cela aurait-il? Pourquoi ne pas se proclamer aussi chirurgien du cerveau? Pour ma part, je me garderais bien de me faire opérer par un tel praticien!

LA LIGNÉE DES SIDDHAS

D'après la tradition, la lignée des Siddhas trouve son origine en Shiva, le Guru primordial. Shiva ne désigne pas ici le troisième membre de la Trinité hindoue, mais la Conscience suprême.

Au cours des âges, la lignée, dit-on, fut transmise à Vasishtha, le Guru du Seigneur Rama, puis, au sage Vyasa qui passe pour être l'auteur de nombreuses œuvres parmi les plus remarquables de la littérature spirituelle, dont le *Mahabharata*. Puis la lignée passa de Vyasa à Shankaracharya, l'un des plus grands maîtres spirituels, qui vécut vers l'an 800 après J.-C.

A l'époque moderne, l'énergie de la lignée des Siddhas s'incarna en la personne du grand sage indien Bhagawan Nityananda. Son successeur fut Swami Muktananda qui, cinq mois avant de quitter ce monde, fit de Gurumayi Chidvilasananda son héritière spirituelle.

La lignée témoigne elle aussi de la véritable nature du Guru. Les Écritures disent : « Le Guru n'est pas l'individu (*vyakti*), mais la *shakti* », l'énergie spirituelle qui circule à travers cette forme. Beaucoup d'entre nous en ont fait l'expérience quand Baba est parti, et nous avons retrouvé en Gurumayi cette même énergie spirituelle. Baba nous a quittés, mais le Guru, lui, est toujours présent. Il a simplement élu domicile dans un autre corps.

LE TOUCHER DU GURU

Comme nous l'avons vu, un Guru doit être établi de façon permanente dans l'Absolu; il doit connaître parfaitement les textes sacrés, descendre d'une authentique lignée spirituelle et recevoir de son Guru l'énergie spirituelle de cette lignée. Mais l'ultime qualification, vers laquelle tendent toutes les autres, c'est que le Guru doit être capable de transmettre directement la connaissance du yoga et l'expérience du Soi. C'est là sa tâche principale; s'il n'en est pas capable, il ne saurait être un véritable Guru.

Avant ma rencontre avec Baba et Gurumayi, je m'imaginais qu'un Guru enseignait le yoga comme Mme Kern m'avait enseigné la dactylographie au collège.

Mme Kern était une brillante dactylo. Elle pouvait taper quatre-vingts mots à la minute sans une faute. Quant à moi, par contre, je tapais comme si j'avais les mains dans une paire de moufles. Et plus je persévérais, plus la situation s'aggravait.

Certains jours, quand cela se passait particulièrement mal, j'aurais voulu que Mme Kern puisse, rien qu'en effleurant mes doigts, me communiquer instantanément le don qu'elle possédait; ainsi serais-je devenu moi aussi un expert en dactylo.

Inconcevable! dites-vous. Et pourtant, c'est précisément ce que fait un Siddha Guru. Il ne se contente pas d'enseigner la science du yoga d'une manière intellectuelle. Un vrai Guru nous en donne une *expérience* immédiate en nous transmettant sa propre énergie spirituelle et son propre état de conscience.

Toutes les écritures yoguiques sont d'accord sur ce point fondamental. Le *Kularnava Tantra* dit :

> Peut être qualifié de Guru
> Celui au contact duquel
> Un disciple éprouve la suprême Béatitude.

La *Vayaviya Samhita* déclare :

> Le toucher du Guru, un mot ou un regard de lui, communiquent aussitôt la connaissance du yoga et une expérience du Soi.

Voilà une déclaration extraordinaire, que vous n'êtes pas obligé, d'ailleurs, de croire sur parole. Si j'en reconnais la véracité, c'est parce que, le 30 octobre 1979, dans un petit appartement d'un quartier de Manhattan, j'ai fait moi-même cette expérience.

CHAPITRE 5

L'ÉNERGIE SPIRITUELLE

Quand la kundalini s'éveille,
Toutes les portes s'ouvrent.
Dieu Se révèle Lui-même dans le cœur.

Swami Muktananda, *Mukteshwari*

A New York, le 30 octobre 1979 fut une magnifique journée d'automne, douce et ensoleillée, où s'allongeaient des ombres bleutées. A onze heures, ce matin-là, en sortant d'une réunion, alors que je rentrais chez moi, je m'arrêtai dans une librairie en face de l'Université de Columbia. Mon attention fut immédiatement attirée par un visage extraordinaire et un regard qui me fixait. Ce visage, imprimé sur la couverture d'un livre, était si lumineux et si profondément serein que je ne pus m'empêcher d'aller voir ce livre. Il s'intitulait *Le Jeu de la Conscience*, et ce visage, comme je l'appris alors, était celui de l'auteur, Swami Muktananda.

Je n'avais jamais entendu parler de Swami Muktananda, mais, intrigué, j'achetai l'ouvrage et regagnai mon domicile. En arrivant, je décrochai mon téléphone, m'assis sur le canapé et me plongeai dans le livre.

Cette lecture déclencha immédiatement chez moi de bien étranges réactions. Je me mis à rire, puis à pleurer, et continuai à passer du rire aux larmes. Ce livre n'avait pourtant rien de triste ou d'humoristique; mais il semblait que je n'étais plus maître de mes émotions. J'arrivai bientôt à un chapitre intitulé « Grandeur du Guru », et y trouvai cette phrase : « Le vrai Guru éveille la Shakti intérieure du disciple et le plonge dans la béatitude du Soi. »

Au moment précis où je lisais ces mots, je sentis à trois reprises une légère pression entre les sourcils. Puis à la base de ma colonne vertébrale, ce qui me parut être une spirale de lumière déroula ses anneaux; quand elle atteignit le sommet du crâne, elle éclata en gerbes de félicité. Une merveilleuse énergie se répandit dans tout mon corps, engendrant des vagues de béatitude. J'étais dans l'état de celui qui tombe amoureux, mais comme rien ne faisait l'objet de cet amour, cet état se prolongeait indéfiniment... Avant d'avoir réalisé ce qui m'arrivait, je bondis du canapé, et mon corps se mit à effectuer toutes sortes de contorsions sous l'action de cette énergie intérieure. Je ne trouvais aucune explication à ce qui se passait. Je supposai qu'il devait s'agir d'une sorte de gymnastique spirituelle; c'est alors qu'une voix intérieure me dit : « C'est du yoga. »

Je pris note de cette information, puis m'assis par terre et, bien que n'ayant pas la moindre notion de hatha yoga, je vis mes jambes se placer en posture de demi-lotus, mes mains exécuter diverses *mudras* (gestes rituels), tandis que s'effectuaient spontanément différents types de *pranayama* (techniques respiratoires) que je n'avais non plus jamais étudiées. Au bout d'un certain temps, tous ces mouvements s'arrêtèrent; esprit, souffle et corps s'immobilisèrent et je plongeai dans un profond état de méditation. C'était l'état le plus délicieux que mon esprit eût jamais connu, concentré comme l'œil fixe du taureau. Trois heures plus tard, quand j'émergeai de la méditation, je me sentis transfiguré. Il s'était produit en moi une véritable révolution; j'étais rempli d'une joie intense et merveilleuse.

Comment expliquer une expérience aussi stupéfiante?

Ce dont parlaient les anciens textes yoguiques devenait réalité. Le Siddha Guru, Swami Muktananda, grâce à l'énergie spirituelle que recélaient ses paroles, m'avait révélé ce qu'étaient le yoga et le Soi. Pour cela, il avait utilisé la classique transmission d'énergie spirituelle appelée Shaktipat.

LA DESCENTE DE LA GRÂCE

Shaktipat signifie littéralement « descente » (*pat*) de *Shakti*, « énergie » ou « grâce ». « Depuis des temps immémoriaux, écrit Baba, Shaktipat constitue la méthode d'initiation secrète utilisée par les grands sages. En résumé, transmettre au disciple l'état d'illumination, la splendide lumière divine [que possède le Guru] et lui communiquer une expérience directe et instantanée du Brahman, l'Esprit éternel, est la signification secrète de Shaktipat[1]. »

En outre, comme je devais l'apprendre, cette expérience n'était pas un simple feu de paille. L'énergie qui m'avait été infusée avait éveillé définitivement ma propre énergie spirituelle, que le yoga nomme kundalini. Ce processus évoque l'image d'une bougie en allumant une autre, ou encore celle, plus moderne, d'une voiture démarrant grâce à des câbles volants : par cette technique un moteur est mis en route au moyen d'un autre moteur, plus puissant. Ensuite, ce moteur continue de tourner tout seul.

C'est exactement ce que j'éprouvais : quelqu'un, semblait-il, avait mis le contact et mon moteur spirituel avait démarré. Le Soi qui, jusqu'à ce jour, n'était pour moi qu'un concept brumeux, devenait une réalité vécue, une force tangible. Jour et nuit, je sentais en permanence un courant d'énergie montant le long de ma colonne vertébrale. Et dans les semaines qui suivirent, ma vie se transforma complètement. Je perdis des habitudes séculaires. Je cessai de fumer et de manger de la viande; je commençai à me lever à quatre heures du matin avec l'irrésistible envie de méditer. Je voyais apparaître des lumières de diverses couleurs. Parfois, au début de ma méditation, j'entendais en moi le son *Om* ou me voyais exécuter de difficiles postures de hatha yoga : lotus, arc, sauterelle, et même la posture inversée !

Tout cela, j'insiste bien, se produisait spontanément, sous l'inspiration de la Shakti intérieure, alors que j'ignorais tout du yoga et ne cherchais pas à pratiquer quoi que ce soit.

KUNDALINI SHAKTI

Quelle est donc cette extraordinaire énergie appelée kundalini Shakti?

D'après les Écritures, l'énergie cosmique possède deux aspects : grossier et subtil. Au niveau grossier, comme nous l'avons déjà vu, l'univers entier est sa manifestation. Un texte shivaïte déclare :

C'est cette Conscience divine seule,
lumineuse, absolue, autonome,

96

qui jaillit sous la forme
d'innombrables mondes[2].

En d'autres termes, Dieu se lance dans une
aventure, revêt un déguisement, et devient l'univers. Il accomplit cela au moyen de sa Shakti, son
énergie créatrice, que la mythologie yoguique
nomme parfois son épouse, l'aspect féminin. C'est
cette Shakti, cette énergie créatrice, de Shiva –
l'aspect non manifesté et immuable de l'Absolu –
qui prend la forme du soleil et des planètes, des
lacs et des montagnes, des arbres, des fruits et de
l'herbe; c'est elle qui paît sous la forme des vaches.
C'est elle aussi qui se manifeste sous la forme du
temps et de l'espace, du jour et de la nuit, de la
faim, du désir, elle qui est devenue vous et moi.

Mais curieusement, les Écritures ajoutent que
Shiva et Shakti, apparemment distincts, en réalité
ne font qu'un[3]. Shiva n'est aucunement séparé de
Shakti, de même que l'eau n'est pas séparée de son
humidité ou que le feu n'est pas différent de son
pouvoir de brûler. Eau et humidité, flamme et feu
sont intimement associés. Il est totalement impossible de les séparer. C'est la même chose pour Dieu
et sa création, pour Shiva et sa faculté créatrice.

Et pourtant il est bien certain que Dieu et sa
création *semblent* distincts. L'arbre devant ma
fenêtre ne ressemble en rien à Shiva, pas plus que
moi ce matin, à mon réveil.

Cela est dû au fait que l'aspect grossier, extérieur, de cette énergie créatrice divine dissimule sa
véritable nature. C'est maya, l'ignorance, l'illusion,
« l'ensorceleur universel ». Les Écritures la comparent à Rama, sa femme Sita et son frère Lakshmana marchant l'un derrière l'autre sur un sentier
forestier. Lakshmana essaie en vain d'apercevoir

son frère aîné, car Sita est toujours interposée entre eux et lui bouche la vue.

C'est ce qui se passe pour la plupart d'entre nous. Maya, le monde, nous empêche de voir Dieu. Alors, au lieu de sentir l'inspiration divine œuvrer dans notre vie, nous ne voyons que hasard aveugle, forces économiques et dures réalités. Mais ce n'est là qu'un mirage créé par le pouvoir d'illusion de cette énergie cosmique.

Heureusement, cette énergie possède aussi un autre aspect, un aspect intérieur, qui, au lieu de dissimuler la nature divine des choses, révèle le Visage qui se tient derrière le masque et nous permet, quand la mascarade prend fin, de reconnaître notre véritable nature et de retrouver Dieu. C'est cet aspect de la Shakti que l'on appelle Guru.

Je me rendis un jour à une partie de pêche en pleine nature, dans l'Etat du Maine. En cours de route, je demandai mon chemin à un fermier. Il m'indiqua comment me rendre au lac que je cherchais. Puis il ajouta en jetant un coup d'œil au tableau de bord de ma voiture : « Y a pas d'stations d'essence par là, mon gars! T'es ben sûr qu't'as pris assez ? »

Je fis un rapide calcul. Le lac se trouvait à soixante-cinq kilomètres. Il me restait environ quinze litres d'essence, un litre me permettant de couvrir à peu près sept kilomètres. « Aucun problème », lui dis-je. Le vieux fermier émit un grognement, mais ce ne fut qu'après ma partie de pêche que je réalisai ce qu'il voulait dire. J'avais assez d'essence pour *l'aller*, c'est un fait, mais non pour le retour.

Dieu n'est pas aussi stupide; Il prévoit tout. Après avoir créé l'univers, Il y laisse suffisamment d'énergie pour permettre à Sa création de retourner jusqu'à Lui. La kundalini Shakti est précisément cette énergie divine résiduelle qui demeure en chaque être humain après sa création; elle lui permet de reconnaître sa véritable nature et de retourner à Dieu. Cette Shakti, qui n'est autre que le Guru, est parfois appelée *shaivamukha*, le visage de Shiva, car c'est uniquement lorsque cette énergie divine intérieure est éveillée que nous pouvons voir à travers le masque de maya et reconnaître le visage de Dieu, c'est-à-dire le nôtre.

LA VOIE ROYALE

Cette kundalini Shakti, d'ailleurs, désire s'éveiller et retourner chez elle en notre compagnie.

> La kundalini Shakti guette toujours l'occasion
> De sauver ses disciples
> Du cycle des morts et des renaissances[4].

En attendant, elle demeure endormie au centre du corps humain, enroulée dans le *muladhara chakra*, un centre subtil d'énergie situé à la base de la colonne vertébrale. Ces chakras, ou centres, ne sont pas localisés dans le corps physique, mais dans le corps subtil qu'il contient. Bien que nous ne puissions le voir, ce corps subtil nous est familier, puisque c'est en lui que se manifestent nos pensées, nos émotions et nos rêves.

Une fois éveillée par le Guru, cette Shakti commence à se déployer à travers une *nadi*, une artère du corps subtil appelée *sushumna*, qui correspond à la moelle épinière. Au cours de son ascension, elle perce et purifie cinq autres chakras situés respectivement à la base des organes génitaux, au niveau du nombril, du cœur, de la gorge, et dans l'espace intersourcilier.

C'est pourquoi on dit parfois que la voie spirituelle a un mètre de long : de la base de la colonne vertébrale au sommet du crâne. Vu sous cet angle, cela semble parfaitement réalisable, n'est-ce pas? Finalement, la Shakti éveillée n'a qu'un petit mètre à parcourir; même en se traînant à la vitesse de deux centimètres et demi à l'heure, elle devrait parvenir au but en deux jours. Est-ce juste?

Pas tout à fait. Car chez la plupart d'entre nous, la sushumna nadi est encombrée d'obstacles. Dans la terminologie yoguique, on les appelle des *samskaras*, un mot qui est à l'origine de l'anglais *scar* (cicatrice). Les samskaras sont de petites cicatrices formées par les impressions passées, l'enregistrement intégral de tout ce que nous avons fait au cours de nos 8 400 000 vies précédentes.

Tandis qu'elle se déplace dans la sushumna, la Shakti se heurte à ces impressions passées et agit sur elles à la manière d'un essoucheur. L'expulsion des samskaras est absolument indispensable, puisque ce sont elles qui limitent et restreignent notre champ d'expérience de la réalité. En outre, ce sont elles également qui nous forcent à renaître indéfiniment. L'élimination de ces impressions passées par la kundalini éveillée produit ce que l'on appelle un *kriya*, un mouvement purificateur exécuté par l'énergie divine. Les kriyas peuvent prendre la forme de mouvements de hatha yoga ou d'émotions intenses. Ce sujet est traité plus en détail dans le chapitre consacré à la méditation.

Finalement, après avoir purifié le chercheur, la Shakti s'élève jusqu'au *sahasrara*, le lotus à mille pétales, le chakra supérieur situé au sommet du crâne, où elle se stabilise. C'est là, dans cet ultime chakra, que la Shakti s'unit à Shiva et que s'achève le processus de l'évolution; le chercheur réalise alors le but suprême de la vie humaine.

Chaque tradition donne un nom particulier à cet état ultime. Les bouddhistes l'appellent *nirvana*, l'illumination; les chrétiens, sainteté ou union avec Dieu; les soufis *fana*, décès. Le yoga lui donne le nom d'état de Siddha, de Réalisation ou de Libération, *moksha*. On dit que cet état procure une joie éternelle, que rien ne saurait ébranler.

LA MÈRE DU YOGA

Mais, en cours de route, tandis qu'elle nous conduit vers la Réalisation, la Shakti nous accorde de nombreux dons spirituels. Car dans le Siddha Yoga, ce n'est pas nous qui méditons, c'est la Shakti qui immobilise notre esprit et nous fait plonger profondément en nous-mêmes. En fait, toutes les pratiques et toutes les expériences dont nous avons besoin pour notre développement spirituel se produisent naturellement et spontanément sous l'inspiration de cette énergie divine.

C'est ainsi qu'à la suite de Shaktipat, les huit formes de yoga traditionnelles peuvent se manifester de différentes manières et à des degrés divers chez l'aspirant. Telle personne se verra plonger dans la méditation profonde du raja yoga, tandis que telle autre s'engagera dans le travail désintéressé du karma yoga. Les intellectuels pourront découvrir une ouverture du cœur, une libération de leurs émotions, comme dans le bhakti yoga, tandis que les émotifs saisiront soudain tout le sens des textes sacrés, comme dans le jnana yoga. On pourra voir apparaître des lumières, comme dans le laya yoga, ou se mettre à exécuter les postures et les mudras du hatha yoga. Toutes ces expériences peuvent se produire, ou seulement certaines d'entre elles. Le Siddha Yoga s'adapte à chaque individu. C'est un yoga sur mesure. Chacun doit faire ses propres expériences et reçoit exactement ce dont il a besoin.

Par exemple, au tout début de ma *sadhana* (pratique spirituelle), dès que je m'asseyais pour méditer, je me mettais à toucher différentes parties de mon corps – cœur, gorge, tête, ventre – en émettant d'étranges sons, tels que *hrim*, *shrim* et *hum*. Je faisais cela spontanément, poussé par un Être intérieur.

Ce n'est que sept ans plus tard, tandis que j'étudiais un obscur texte yoguique, *Le Tantra de la grande Libération*, que je découvris une explication à ce phénomène. Il s'agissait d'une technique yoguique appelée *nyasa*, au cours de laquelle le corps subtil se charge de *prana*. Les parties du corps que je touchais renfermaient des chakras, des centres spirituels, et les sons que je prononçais étaient des « syllabes-semences », des mantras, dont j'ignorais jusqu'à l'existence à cette époque-là.

Pour expliquer de tels prodiges, il faut se souvenir que la Shakti éveillée est la Conscience universelle. Elle est Shiva, le Guru intérieur, le pouvoir omniscient de notre Soi intérieur. Utilisant diverses techniques spirituelles, cette Shakti purifie et divinise le corps afin qu'il puisse supporter l'intensité de l'état de conscience suprême. Baba exprime cela joliment lorsqu'il dit : « La kundalini Shakti consume les scories intérieures et les carbonise dans le feu du yoga, jusqu'à ce que le corps ne soit plus qu'or pur. »

LA TRANSFORMATION

La kundalini éveillée transforme aussi bien notre vie spirituelle que notre vie ordinaire. Cela lui est très facile, puisque sous son aspect extérieur, elle *est* le monde. Après l'éveil de cette énergie, beaucoup de gens constatent de nombreuses et spectaculaires améliorations dans leur vie : promotions, nouvelles possibilités, réalisation de ce qui leur tenait à cœur depuis longtemps. Baba écrit au sujet de cette Shakti :

> Elle améliore notre vie quotidienne et rend parfait ce qui ne l'était pas... Elle permet de mieux remplir les obligations familiales, d'exercer son travail, sa profession, avec davantage de compétence et d'efficacité. Elle développe chez l'étudiant la mémoire et le pouvoir de concentration. Grâce à elle, l'artiste devient un meilleur artiste, le médecin un meilleur médecin... Toutes les facultés, toutes les inspirations, toute la créativité, reposent au sein de la kundalini; quand Elle est éveillée, Elle libère une immense énergie créatrice. Après cet éveil, certains deviennent de grands poètes ou composent de remarquables ouvrages philosophiques. Chez certains, elle prend la forme de Lakshmi, la déesse de la Fortune, et ils deviennent immensément riches. Chez d'autres, elle revêt la forme de l'autorité et ils deviennent de grands dirigeants [5].

Parfois, les changements peuvent tout d'abord sembler négatifs; mais finalement on s'aperçoit toujours qu'ils ont contribué à nous rendre meilleurs et plus heureux. C'est ainsi qu'en recevant

Shaktipat, un homme, qui avait souffert toute sa vie de violentes douleurs dans l'oreille se mit à faire le poirier tout en se frappant d'une main la base du crâne. Il vit avec horreur un liquide s'écouler de son oreille. Mais au bout d'une semaine, grâce à cette thérapie unique en son genre, le conduit obstrué se trouvait dégagé et ses douleurs disparurent définitivement.

L'éveil de la kundalini peut avoir des conséquences profondes et spectaculaires, certains en ont peur, mais il n'y a aucune raison de s'en alarmer du moment que cette Shakti a été éveillée par un Siddha Guru. Car ce dernier ne se contente pas d'éveiller la Shakti, il la dirige et la contrôle afin qu'elle puisse travailler en douceur.

LE YOGA AUTOMATIQUE

Le Siddha Yoga est donc un yoga mis en œuvre par le Soi. Une fois que notre kundalini est éveillée, notre avenir est assuré, car la libération, qui se produit au moment où elle se fond dans le chakra coronal, n'est plus alors qu'une simple question de temps. Le temps que ce voyage va prendre est fonction d'un certain nombre de facteurs, entre autres de la foi et de l'intensité avec lesquelles nous accomplissons nos pratiques spirituelles, ainsi que de l'héritage spirituel provenant de nos vies passées.

Chez quelques âmes d'exception, mûres pour l'illumination, celle-ci peut se produire au moment même de Shaktipat. Mais chez la majorité des disciples, c'est un processus qui demande un certain temps. La tradition veut que le Siddha Yoga parvienne à son terme en un nombre d'années multiple de trois. Cela prit à Baba neuf ans pour aller au terme de sa sadhana. Quoi qu'il en soit, Baba dit que dans le cas le plus défavorable, obtenir la libération ne saurait excéder trois vies successives.

Cela peut malgré tout sembler un peu long, mais en fait tout dépend du point de vue où l'on se place.

Un jour d'automne, un aspirant découvrit un Guru assis sous un tamarinier sur lequel il ne restait que trois feuilles. Le chercheur demanda au Guru dans combien de temps il atteindrait la libération. Désignant le tamarinier, le Guru répondit : « Autant de vies qu'il y a de feuilles sur cet arbre.

– Trois vies! » s'écria le chercheur et il s'en alla, profondément découragé.

Au printemps, un autre chercheur aperçut le même Guru assis sous le même arbre; ce dernier était à présent couvert de feuilles. Il posa la même question et reçut la même réponse.

« Dieu merci! dit-il, ravi d'apprendre qu'il obtiendrait un jour la libération. Après ces millions de naissances, qu'est-ce qu'un millier de vies? »

CONCLUSION

Comme nous l'avons vu, la science du yoga, dit-on, fut à l'origine révélée par le Seigneur du Yoga, Shiva, et nous est parvenue par l'intermédiaire d'une lignée de Maîtres Siddhas qui se sont succédé jusqu'à nos jours. On dit en outre que le Guru et Shiva ne font qu'un[6]. C'est un point que les esprits modernes ont souvent du mal à accepter, surtout si l'on pense que Shiva est un dieu hindou à six bras vivant au paradis.

Mais pour le Siddha Yoga, Shiva signifie la

Réalité suprême. Comme le dit Muktananda :
« Shiva n'est ni hindou, ni bouddhiste, ni chrétien,
ni musulman. Shiva est votre propre Soi intérieur. »

En d'autres termes, le Siddha Yoga ne nous a
pas été légué par quelque dieu vivant au paradis.
Le Yoga est une *énergie* inhérente à Shiva, le Soi
de chacun. Quand cette énergie est éveillée par un
Siddha Guru, la connaissance du yoga se révèle
spontanément en nous.

La kundalini Shakti réside en chaque être
humain « telle l'huile dans un grain de sésame, le
beurre dans le lait, ou le feu dans la bûche[7] ». Son
éveil fait partie de notre patrimoine, et nous nous
devons de réclamer cet héritage. « Tant que cette
énergie est en sommeil, dit Gurumayi, nous avons
l'impression d'être enchaînés et terriblement limités. Mais une fois qu'elle est éveillée, nous éprouvons une joie intense. Nous découvrons le sens de
la vie. Nous nous immergeons complètement dans
la beauté de Dieu. »

Le Guru ne faisant qu'un avec cette énergie
intérieure, il lui est très facile de se manifester en
nous. Quelqu'un me dit un jour : « Swami Muktananda a tant de disciples ! Comment peut-il vous
donner des instructions personnelles ? » C'est simple : Baba n'a pas été obligé de venir me donner
des cours de hatha yoga et de méditation à domicile, ni de me faire des conférences sur la philosophie orientale. Il a éveillé mon énergie intérieure et
tout le reste a suivi automatiquement.

Cela explique peut-être la quantité impression-
nante d'objets archéologiques découverts dans le
monde entier, de l'Inde à Raccoon Creek, en
Géorgie, en passant par la Yougoslavie et le Dane-
mark, et sur lesquels figurent des symboles et des
postures yoguiques. Les experts, ignorant tout des

voies de la kundalini Shakti, se sont longtemps demandé comment cette connaissance s'était ainsi disséminée. Est-ce que les Gurus de l'Inde sont venus en Amérique au Ier siècle enseigner aux indigènes la posture du lotus? Ou bien les Danois de jadis se sont-ils rendus en Inde et arrêtés en Yougoslavie pendant leur retour? Comment l'expliquer autrement? Mais pourquoi ces mêmes experts ne demandent-ils pas : « Est-ce que les Grecs ont enseigné aux Romains l'art de dormir? » ou bien : « Qui a enseigné aux Egyptiens l'art de rêver? » Parce que tout le monde sait que rêver ou dormir est une faculté inhérente à chacun.

De même, selon les Écritures yoguiques et les enseignements des Siddhas – et comme j'en eus moi-même l'expérience directe – le yoga est une faculté inhérente à Shiva, le Soi de tous. Chez la plupart d'entre nous, cette faculté est en sommeil, mais quand les conditions sont favorables – c'est-à-dire quand un aspirant très motivé entre en contact avec un Siddha Guru –, une énergie divine s'éveille en nous. Puis le yoga, avec les postures, les états et les pratiques qui l'accompagnent – méditation, chant sacré, amour divin, sagesse spirituelle –, se manifeste naturellement et spontanément. C'est pourquoi le Siddha Yoga n'est ni oriental ni occidental, ni ancien ou nouveau, ni le privilège d'une nation, d'une culture ou d'une tradition particulière. Yoga désigne simplement ce qui se passe quand nous éveillons ce géant qui sommeille en nous.

DEUXIÈME PARTIE

LES PRATIQUES DE JOIE

Le vizir du roi s'était mis dans une bien mauvaise situation. Sa méditation avait été si profonde, ce matin-là, qu'il en avait oublié sa réunion avec le souverain. En arrivant à la porte du palais, tout essoufflé, il vit que ses craintes étaient fondées. Le soleil, déjà haut dans le ciel, était comme un poing rouge menaçant le désert; le roi et ses ministres l'attendaient avec une impatience non dissimulée, devant des tasses de thé.

– Pourquoi ce retard? demanda le roi.

– Pardonnez-moi, Majesté, répondit le vizir; je faisais mes prières.

– Des prières, dit le roi en haussant les sourcils. A qui?

– A Dieu, Votre Grandeur!

Cette réponse irrita le roi.

– Tu dormais, ajouta-t-il. Avoue, et je te pardonnerai.

– Mais non, je vous assure, mon roi, répliqua le vizir en toute bonne foi. Je priais.

– Comment peux-tu prier un être qui n'existe pas?

– Il existe, affirma le vizir d'un air profondément choqué.

– En ce cas, montre-le-moi, dit le roi.

A ces mots, le vizir pâlit, car cela n'était évidemment pas en son pouvoir.

– Au moins, dis-moi où il vit, dit le roi, conciliant, afin que je puisse lui rendre visite.

Mais cela était tout aussi impossible au vizir, qui se sentit encore plus mal à l'aise.

Le roi eut un sourire méprisant et se tourna vers ses ministres :

– Dire que je fais confiance à cet homme pour les affaires du royaume !

Puis, se retournant vers le vizir :

– Imbécile, sors d'ici ! Et que je ne te revoie plus !

Le vizir quitta le palais et s'en alla dans le désert. Il rencontra un jeune garçon, assis sur une peau de tigre. Bien que solitaire, l'enfant semblait parfaitement heureux.

Le vizir le salua et en réponse à ses questions, lui raconta sa triste histoire.

– Ne t'inquiète pas, lui dit le garçon. Je répondrai aux questions du roi, et tu retrouveras ton poste.

Le garçon et le ministre se rendirent donc au palais. Le vizir dit au roi qu'il lui avait amené quelqu'un susceptible de répondre à ses questions. Le roi et ses ministres jetèrent un regard incrédule sur cet enfant demi-nu, curieux toutefois de le voir à l'œuvre. Celui-ci commença par réclamer un verre de lait.

Mais, au lieu de boire, il trempa ses doigts dans le lait, s'exclamant :

– Où est-il ? Où est-il ?

– De quoi parles-tu ? demanda le roi.

– Mais du beurre, bien sûr. Ma mère m'a appris que le lait contenait du beurre.

Le roi était à bout de patience. En plus du vizir, il lui fallait à présent supporter ce garçonnet.

– Pour que le beurre apparaisse, il faut d'abord baratter le lait, dit-il.

– Majesté, répondit le garçon, pour voir Dieu, c'est la même chose : il faut commencer par accomplir une sadhana, une pratique spirituelle.

LE PHILOSOPHE DE SALON

Cela semble évident. Dans la vie, toute chose demande un effort, mais quand il s'agit de spiritualité, même les plus intelligents semblent perdre tout leur bon sens. Je lisais récemment l'autobiographie d'un philosophe anglais de renom. Il disait qu'il n'avait pu trouver Dieu. Mais d'après ce qu'il racontait dans ce livre, il était clair qu'il n'avait jamais pratiqué le moindre exercice spirituel au cours de ses quatre-vingt-dix années d'existence.

Les Siddhas nous disent que Dieu se trouve en nous. Si vous ne vous intériorisez pas, vous ne le verrez pas. Peu importent votre âge, le nombre de livres que vous avez lus, votre célébrité, votre sainteté, ou la durée de votre attente. C'est comme si quelqu'un restait assis chez lui, les bras croisés, en se lamentant de n'avoir jamais réussi à trouver de l'or. On a envie de lui demander : « Cet or, l'avez-vous jamais *cherché* ? Êtes-vous jamais allé dans la montagne tamiser du gravier ? Etes-vous jamais allé en Afrique travailler dans les mines ? L'or ne pousse pas sur les arbres du New Jersey. Il ne tombe pas du ciel. »

De même, le but du yoga est de découvrir cette Vérité qui nous habite; mais pour cela il faut pratiquer des exercices spirituels.

LES PRATIQUES

Chaque saint ou sage a sa propre manière d'enseigner. Certains, comme Bhagavan Nityananda, demeurent toute leur vie au même endroit et s'expriment dans le silence, tandis que d'autres comme Baba et Gurumayi, parcourent la planète, rencontrent des millions de gens et prodiguent inlassablement leurs enseignements. Dans cette seconde partie, je partagerai mon expérience des techniques et des pratiques du Siddha Yoga recommandées par Baba et Gurumayi.

Bien qu'elle puise dans un vaste fonds de connaissances, faisant appel à la vie et aux enseignements des saints et sages de toutes les traditions, Gurumayi recommande des techniques et des pratiques qui, pour la grande majorité, proviennent de l'antique tradition Siddha et se trouvent décrites exactement de la même façon dans des textes comme le *Vijnana Bhairava*, les *Spanda Karikas* et les *Shiva-Sutras*. En d'autres termes, ce sont des techniques qui ont conservé toute leur pureté originelle.

Elles sont restées secrètes pendant des milliers d'années, se transmettant de bouche à oreille, d'un Guru à une poignée de disciples intimes. Ce n'est qu'au cours des deux dernières décennies que, grâce à Baba et Gurumayi, elles se sont répandues dans le monde.

Par ailleurs, le Siddha Yoga ne consiste pas en techniques spirituelles. Il s'agit d'un yoga spontané qui est le fruit d'une inspiration intérieure engendrée par la grâce du Guru. Une fois éveillée, la kundalini Shakti est pleinement consciente de nos besoins en matière de pratiques spirituelles et les met en œuvre automatiquement que nous sachions ou non les mettre en pratique.

Il faut bien se souvenir que ces pratiques ne sont pas destinées à nous faire atteindre Dieu. Dieu, disent les Siddhas, est *déjà* atteint. Le but de ces pratiques est de purifier l'esprit et de briser l'enchaînement au discours intérieur; car lorsque l'esprit est silencieux et limpide, le Soi se révèle spontanément en nous.

Tel est le but de toutes les pratiques spirituelles, que ce soit la méditation, le chant sacré, la répétition de mantra, le travail désintéressé, l'étude ou le *satsang*, la compagnie des saints. Ces pratiques purifient l'atmosphère à l'intérieur et à l'extérieur. Mais au bout du compte, Dieu se révèle au moyen de sa propre lumière, ou, comme le disent les Écritures : « Aucune technique spirituelle n'est capable de révéler Shiva. Un pot de terre peut-il éclairer le soleil ? »

CHAPITRE 6

MANTRA ET CHANT SACRÉ : LE VÉHICULE

Je ne demeure pas dans les cieux,
ni dans l'ordre du soleil;
Je transcende l'esprit des yogis;
Et pourtant, Ô Pandava,
Alors que les autres ne me connaissent pas,
Je suis présent en ceux
Qui chantent mon nom avec amour.

Jnaneshvar Maharaj

I. LE MANTRA

La dernière fois que nous avons rencontré Kabir, il séchait ses larmes sur la place du marché, et s'apprêtait à se rendre à Bénarès, auprès de son Guru Ramananda. L'ennui, c'est que Kabir était musulman et Ramananda hindou; à cette époque, les lois régissant les castes étaient très strictes, et Kabir ne pouvait demander directement l'initiation. Mais il était bien résolu à ne point finir comme ces grains de blé broyés par la meule. Alors il fit un projet.

Il savait que Ramananda avait l'habitude de se baigner chaque jour dans le Gange à trois heures du matin, juste avant sa méditation. Une nuit, il creusa un trou dans les marches qui descendaient jusqu'au fleuve sacré. Il s'y dissimula et attendit.

Juste avant l'aube, alors qu'il faisait encore nuit, comme Kabir l'espérait, le grand sage arriva. En descendant les marches, il trébucha sur Kabir et poussa un cri de surprise : « Ram! », qui était en fait son mantra. « Oh! Guruji, s'écria Kabir en bondissant de son trou, vous m'avez donné votre mantra. Vous m'avez donc donné l'initiation. A présent, je suis votre disciple! » Et sur ces mots, à la stupéfaction de Ramananda, Kabir détala dans l'obscurité.

LES FORMULES MAGIQUES

Tout roman d'aventures qui se respecte possède ses formules magiques, et l'aventure suprême ne fait pas exception. Dans le conte *Ali Baba et les quarante voleurs*, la formule magique est : « Sésame ouvre-toi! » Ces mots permettent d'ouvrir la porte de la caverne où sont cachés les joyaux. Ce stratagème n'est peut-être qu'une pure création littéraire, mais j'ai plutôt l'impression qu'il s'agit là d'un vague souvenir d'une technique spirituelle vieille comme le monde, celle qui nous donne accès à notre trésor intérieur. Dans le yoga, les formules magiques qui ouvrent la caverne du cœur sont appelées mantra. C'est pourquoi Kabir était si heureux d'en avoir obtenu un.

Un mantra est donc le véhicule, le mot de passe, qui nous permet de pénétrer dans nos royaumes intérieurs et d'en faire l'exploration. C'est aussi l'armure qui nous y protège contre toute mauvaise rencontre éventuelle.

Le son a le pouvoir de modifier notre état de conscience, c'est un phénomène bien connu.

Depuis le tambour du chamane jusqu'à Bach et Haendel, en passant par le gospel, que j'ai entendu hier à la radio dans mon auto, le son a toujours été, à toutes les époques et dans toutes les cultures, le véhicule privilégié conduisant au divin.

Mais un mantra va encore plus loin. Non seulement il peut nous faire entrevoir le Soi, mais il a le pouvoir de nous immerger totalement en ce dernier. Ceci parce que, contrairement aux mots ordinaires, le mantra n'est pas une création humaine. Un mantra, c'est Dieu lui-même, sous une forme sonore. *Mantra maheshvara*, disent les Écritures. « Le mantra est le Seigneur en personne. » Ou comme le dit la Bible : « Au commencement était le Verbe, et le Verbe était avec Dieu, et le Verbe *était* Dieu. »

LE VOYANT DU MANTRA

J'en fis un jour l'expérience. Un matin, alors que je méditais à l'ashram de Gurumayi, à South Fallsburg, New York, je descendis tout au fond de moi-même et vis quelque chose dont je ne puis rien dire sinon que c'était une étendue infinie de pure Conscience, sans frontière, sans limite, sans rive, sans tache.

Dire que cette infinité *était* serait mentir; dire que cela *n'était pas* serait faux. Cette expérience transcendait le nom et la forme. Lui donner le nom de Dieu ne serait pas lui rendre justice. Cela n'était ni obscur ni lumineux et, bien que vide, cela contenait toute chose.

Soudain, du fond de ce néant divin, j'entendis monter un son. Cela ressemblait à un battement de cœur ou de tambour.

Et, tandis qu'il s'amplifiait, je reconnus le mantra *Om Bhagawan*.

Il existe un terme technique dans la littérature yoguique que je n'avais encore jamais compris : le « voyant du mantra ». J'avais toujours cru que les mantras du Siddha Yoga avaient été composés par des saints ayant une culture musicale et littéraire. Mais le « voyant du mantra » n'est pas le compositeur du mantra, il est celui qui le perçoit, qui le *découvre*! Car en fait, le mantra n'est pas d'origine humaine. C'est la forme sonore du Soi. Et lorsqu'on s'approche du Soi, dans les états de méditation profonde, on peut effectivement percevoir des mantras et d'autres sons divins émaner de lui; c'est ainsi que j'avais entendu le mantra *Om Bhagawan*.

Les sages yoguiques, après avoir écouté cette musique intérieure, s'aperçurent qu'en reproduisant ces mêmes mélodies divines, *en dehors de la méditation*, on entrait facilement et automatiquement en méditation.

Tel est le secret du mantra et la raison pour laquelle il peut si rapidement et si aisément faire jouer nos verrous intérieurs. Le mantra est ce Verbe qui était au commencement, la vibration cosmique issue de Dieu. *Mantra svarupa*, dit la déesse, « le mantra est ma forme même ».

LE POUVOIR CRÉATEUR DU SON

Selon la science des mantras, l'univers entier est l'émanation du mantra *Om*, la syllabe primordiale. « L'univers, dit une *Upanishad*, est la syllabe *Om*, l'impérissable Absolu. *Om* est tout ce qui fut, est ou sera[1]. »

Puisque, d'après le yoga, c'est cette vibration

118

sonore originelle qui est la source de toute chose, le son sera donc un moyen privilégié d'exercer une action dans le monde physique.

Cela est évident dans la vie ordinaire. En prononçant les mots : « Pose cela ici » ou : « Mets-le là », j'obtiens un changement immédiat dans mon environnement physique. A un niveau plus subtil, les univers imaginaires des pièces de Shakespeare et des romans de Tolstoï sont nés d'une série de sons. Parallèlement à son pouvoir créateur, le son possède un aspect destructeur.

LE POUVOIR DESTRUCTEUR DU SON

La première fois que je vis Baba, quelqu'un lui demanda : « Quelle est la cause des maladies mentales ? » Sa réponse fut une véritable révélation. « Les mauvais mantras », dit-il. Je vivais à New York à l'époque, et dans les mois qui suivirent, toutes les fois que je croisais dans la rue un déséquilibré, j'écoutais attentivement ce qu'il disait : « Jimmy ne m'aime pas. Où est passée la pompe à incendie ! Où irait-elle ? Où irait-elle ? Allez me chercher le prêtre. Je vous ai dit que j'étais innocent ! Tuez-le ! Il pue ! »

Quelle misère ! Ces pauvres bougres se nourrissaient de mantras de haine et de désarroi. Et je compris alors que ces mots et ces sons les ensorcelaient et les détruisaient, aussi sûrement qu'Ella Fitzgerald peut vous tenir sous le charme de sa voix ou briser un verre avec cette même voix.

Les fous ne sont pas les seuls que les sons peuvent blesser. Si l'on nous dit : « Idiot ! » ou : « Je ne t'aime pas ! », cela peut provoquer en nous des réactions profondément négatives.

Dans la grande épopée du *Mahabharata*, le son

devient véritablement une arme. Les deux clans font usage de mantras destructeurs, appelés *astras*, pour affaiblir et terrifier l'ennemi. Il existe un épisode similaire dans la Bible : à la bataille de Jéricho, sous la conduite de Josué, les murailles de la ville s'écroulèrent, au son des trompettes d'Osée!...

D'autres passages du *Mahabharata*, ainsi que diverses œuvres littéraires – *L'Odyssée*, *L'Iliade*, et d'innombrables contes de fées –, racontent l'histoire de héros et d'héroïnes victimes de sortilèges et d'enchantements.

Ce mot d'*enchantement* traduit bien ce pouvoir magique du son. De toute évidence, *chanter* des mantras produit un enchantement, même si, à l'ouest de l'Indus, ce fait est tombé dans l'oubli.

Mais cet « enchantement » peut être de deux sortes : destructeur ou créateur, selon la nature du mantra qui en est la source. Si notre mantra est : « Tout le monde m'en veut », ou : « Je suis un minable, jamais je ne me le pardonnerai », la folie ou la dépression nous guette à coup sûr. Tandis que si nous chantons le mantra : « Je suis Shiva, et tout cela est ma glorieuse manifestation », il tisse autour de nous un « sortilège » de nature lumineuse et divine.

LA FONCTION PROTECTRICE DU MANTRA

Outre ses aspects créateur et destructeur, le mantra possède aussi un aspect protecteur, comme son étymologie le laisse entendre. Le sanskrit *man* se rattache au latin *mens* et à l'anglais *mind* (mental); *tra* a le sens de « protection ». Ainsi donc, le mantra protège celui qui le conserve à l'esprit. J'ai entendu de nombreux témoignages sur le rôle protecteur du mantra à l'occasion d'agressions, d'accidents de voiture, d'incendies et autres catastrophes. Mais le mantra possède une fonction encore plus importante que cette protection physique : il protège notre esprit contre ses ennemis intérieurs – doute, dualité, désir, illusion.

De même que le feu se combat parfois avec le feu, nous luttons contre les mots avec des mots. Car le mantra est le seul mot capable d'endiguer le flot ininterrompu de la Matrika Shakti, qui nous masque notre véritable nature et nous fait croire que nous sommes de pauvres gens aux capacités limitées.

MANTRAS VIVANTS ET MANTRAS INERTES

Les *mantra shastras* – les textes sacrés relatifs aux mantras – affirment qu'il existe plus de soixante-dix millions de mantras, et en répertorient plusieurs milliers. Alors, pourquoi ne pas simplement choisir dans cette liste celui qui nous paraît le plus attirant ?

Parce que, nous disent les mêmes Écritures, pour être efficace, un mantra doit être reçu d'un Guru[2].

Ici entre en jeu la question d'autorité. Les mêmes paroles produisent des effets différents selon la personne qui les prononce. Si un prêtre ou un maire vous déclare mari et femme, vous et votre bien-aimé(e) êtes effectivement mariés. Si le laitier prononce les mêmes paroles, cela n'a aucun sens. Quand un prisonnier hurle : « Laissez-moi sortir ! », cela amuse ses gardiens. Mais ces mêmes paroles ouvrent toutes les portes si elles sont prononcées par le directeur de la prison.

De même, le mantra que nous utilisons doit être

investi du pouvoir de la lignée spirituelle à laquelle il appartient; il doit être chargé, vivifié, validé, si l'on peut dire, par un Guru. C'est pourquoi Kabir dut recevoir son mantra de la bouche même de Ramananda, lequel l'avait lui-même reçu de son propre Guru.

Cette mise en efficacité du mantra n'est pas un rituel creux, mais la transmission effective d'une énergie spirituelle. C'est cette charge, *mantra-virya*, qui donne au mantra toute son efficacité. Les syllabes du mantra sont le récipient qui renferme son énergie. Un mantra ainsi chargé est qualifié par les Écritures de *chaitanya*, vivant. Sans la présence en lui de cette Shakti, le mantra est *jada*, inerte, mort. Et un mantra « mort » ne peut conduire à la libération. Ce n'est pas en portant à ses lèvres une coupe vide que l'on peut étancher sa soif, pas plus que l'on peut s'enivrer en y buvant.

LA RÉPÉTITION DU MANTRA

Le mantra peut être répété au cours de nos tâches quotidiennes. Certains utilisent un *mala*, un chapelet, afin de rester centrés sur le mantra. Le plus simple est encore de répéter le mantra au rythme de la respiration : une fois en inspirant, une fois en expirant. La répétition constante d'un mantra est appelée *japa*.

Pourquoi vouloir passer son temps à répéter un mantra? La *Maitri Upanishad* dit : « On devient ce à quoi l'on pense. C'est un profond mystère. Si l'esprit demeure fixé sur le Soi suprême, on jouit d'un bonheur perpétuel. » Un mystique chrétien, frère Laurent de la Résurrection, appelle cette attitude mentale « la pratique de la présence de Dieu ».

C'est ce que l'on fait en répétant un mantra : on invoque la présence divine; notre esprit demeure fixé sur le Suprême. L'énergie du mantra finit par purifier l'esprit et par le transformer; il s'affranchit de ses doutes, de ses limitations, et retrouve un état de conscience originelle. En attendant, le mantra permet à l'esprit non seulement de se concentrer sur le Soi, mais aussi *de ne pas* se concentrer sur toutes ces pensées et désirs qui nous assaillent en permanence. Le mantra calme le cours incessant de la Matrika Shakti, cette petite voix intérieure qui fait de nous des êtres limités et amoindris. Il nous donne ce que Gurumayi appelle « une expérience du JE parfait ».

Toutefois, pour que cela soit possible, le mantra doit être répété avec une juste compréhension. Ce qu'il s'agit de comprendre, disent les Écritures, c'est que le mantra, le but du mantra et celui qui répète le mantra ne font qu'un. Cela veut dire que nous ne devons pas nous considérer comme différents de Shiva ni considérer Shiva comme différent du mantra. Le mantra *est* Shiva sous une forme sonore, et Shiva *est* notre Soi intérieur, celui que nous sommes réellement. Si vous répétez votre mantra en pensant bien à cela, il deviendra extrêmement efficace.

LE MOMENT DE LA MORT

Les textes yoguiques donnent encore un argument supplémentaire en faveur de la répétition d'un mantra. Ils nous disent que le moment de la mort est particulièrement important et détermine ce que sera notre vie future. On peut toujours se dire que notre dernière pensée sera pour Dieu; mais en réalité, nous rappellent les Siddhas, il est extrêmement difficile de se souvenir de Dieu en cet instant, surtout si nous ne lui avons guère accordé d'attention au cours de la vie écoulée. Au moment de la mort, en effet, l'esprit se tourne vers les pensées et les images auxquelles il était plus particulièrement attaché.

Un commerçant indien croyait avoir trouvé le moyen de se souvenir du nom divin sur son lit de mort, et cela sans avoir pris la peine de penser à Dieu un seul instant au cours de sa longue carrière, uniquement consacrée à la recherche du profit. Il baptisa ses trois fils Shiva, Vichnou et Brahma, tous des noms de Dieu, et ils travaillaient tous les trois dans la boutique du vieil homme.

Quand sa dernière heure fut arrivée, le vieux marchand appela son premier fils : « Shiva! » Shiva vint s'agenouiller au chevet de son père. Puis celui-ci appela son deuxième fils : « Vichnou! » Vichnou arriva et prit la main de son père. Un peu plus tard, près de rendre l'âme, celui-ci appela son troisième fils : « Brahma! » Brahma vint se placer à son chevet. Le vieillard regarda ses trois fils debout devant lui. « Qui va s'occuper de la boutique? » murmura-t-il en poussant son dernier soupir!

Mahatma Gandhi, par contre, mourut en prononçant le nom de Dieu. Tout comme le Guru de Kabir, Ramananda, il était tellement imprégné de son mantra, *Ram*, que rien ne pouvait l'ébranler, pas même les balles d'un assassin. A la première balle, il s'écria : « *Ram*! » A la deuxième : « *Ram*! » A la troisième : « *Ram*! » Puis il ferma les yeux. Il était agressé physiquement, mais son état intérieur demeurait inattaquable. C'est ainsi que meurt un véritable saint.

II. LE CHANT SACRÉ

Il existe encore une autre manière d'utiliser le pouvoir purificateur et protecteur du mantra : le chant sacré. Il s'agit en fait d'un mantra mis en musique et chanté à voix haute. C'est une façon particulièrement agréable et efficace de répéter le mantra, qui peut se pratiquer seul ou en groupe. La répétition silencieuse d'un mantra est uniquement bénéfique à celui qui s'y exerce, tandis que chanté à haute voix, le mantra profite à tous ceux qui l'entendent. Le chant sacré possède une telle puissance, disent les Écritures, qu'il est capable de régénérer animaux, insectes et même végétaux par le pouvoir du son.

C'est peut-être la raison pour laquelle, autour de Gurumayi, les jardins sont toujours si luxuriants et les terres si fertiles. La terre est constamment nourrie du chant : arbres, fleurs, animaux, êtres humains, et jusqu'aux bâtiments, semblent manifester à leur façon combien ils l'apprécient. Tout paraît animé d'une conscience, d'une vie plus intense. Parfois l'on peut voir les saules danser de joie, sentir les bâtiments respirer, observer la sueur perler sur le marbre de la grande cour, sous le soleil brûlant de l'été. Autour de l'ashram, les fruits et les fleurs sont absolument splendides et deux fois plus gros que ceux poussant à quelque distance de là.

Quoi d'étonnant, devant pareils résultats, à ce que Gurumayi souligne constamment le pouvoir du chant sacré. Il ouvre et clôt tous les programmes de Siddha Yoga. Il constitue d'ailleurs l'activité spirituelle principale des étudiants Siddhas. Pour quelle raison ?

Le Dr Alfred Tomatis, le médecin français qui

étudia les effets du son sur les êtres humains, se posa lui aussi cette question et parvint à de remarquables conclusions. Joseph Chilton Pearce écrit dans *The Bond of Power* : « Tomatis parle de *sons déchargeants*, qui tendent à fatiguer, et de *sons rechargeants*, qui procurent tonus, santé et paix intérieure... La plupart des chants sacrés contribuent à recharger le cerveau[3]. »

Tomatis se demanda aussi, comme beaucoup, pourquoi les mantras ne se chantent pas dans la langue du pays, en anglais ou en français, par exemple. Il découvrit ce qu'ont toujours su les divers ordres religieux, à savoir que ce chant est encore plus profitable lorsqu'il est exécuté dans l'une des langues anciennes sacrées comme le latin, le sanskrit ou l'hébreu. Tomatis émit la théorie que cela était dû à la profusion des voyelles ouvertes : *A-ve Ma-ri-a; Ha-re Ra-ma*. Il en conclut que la puissance de ces mots ne tenait pas tant à leur sens littéral qu'aux sons, aux vibrations qu'ils émettent. C'est pourquoi ils sont intraduisibles.

EXPÉRIENCE PERSONNELLE DU CHANT

Nul besoin, cependant, de faire appel au Dr Tomatis pour apprécier les bénéfices du chant sacré. Pratiquez-le et vous constaterez vous-même le résultat. Je me suis aperçu que si je pratique le chant le matin, ma journée se passe bien. Les autobus sont à l'heure, les gens aimables et les animaux affectueux. Le jour où je manque une séance, les choses se passent autrement. Le métro prend feu, les garçons de café renversent les tasses sur moi, et des pigeons volant en rase-mottes fientent sur ma tête.

Je crus tout d'abord que le chant transformait le

monde. Puis je m'aperçus qu'il transformait mon esprit. Et puisque, comme nous l'avons vu, l'esprit est l'instrument par l'intermédiaire duquel nous percevons le monde, transformer l'esprit, c'est transformer notre vision du monde.

LA PURIFICATION

Mais le chant purifie également l'univers extérieur. Il prépare le terrain pour la méditation. Baba dit :

> Le principal but du chant, c'est de réaliser la purification de toute l'atmosphère, intérieure et extérieure. Grâce au chant, la nourriture se purifie, les plantes et les légumes se purifient, notre cœur se purifie. Le chant purifie l'atmosphère, car il y demeure sous une forme subtile; il remplit les organes des sens et le cœur de vibrations divines. Quand l'environnement est ainsi purifié, cela nous permet de méditer sans difficulté. Ainsi pour détruire toutes les impuretés, pour nous sentir heureux, joyeux, nous répétons le mantra et pratiquons le chant sacré.

Cela surpasse les « bonnes vibrations » des Beach Boys ou « la pensée positive » enseignée dans certains séminaires. Les chants du Siddha Yoga sont de puissants mantras. Ils sont issus du Guru, imprégnés de son énergie spirituelle. De même qu'un beignet trempé dans du café est imbibé de café, les syllabes de ces chants sont imprégnées de la Shakti du Guru et porteuses du pouvoir divin, transfigurateur de cette Shakti.

Le Siddha Yoga utilise plus particulièrement deux types de chants : le *swadhyaya* et les *kirtans*.

Svadhyaya désigne une récitation et une étude régulière, quotidienne, de textes sacrés, tels le *Shiva Mahimna*, un hymne à Shiva, ou la *Bhagavad-Gita. Régulier* et *quotidien* sont ici les mots importants. Les *Yoga Sutras* disent : « Le swadhyaya vous permet d'obtenir une vision de votre divinité[4]. » « Le swadhyaya, dit Baba, inclut tous les aspects du yoga et en accorde tous les fruits[5]. »

Dans le Siddha Yoga, c'est la *Guru Gita* qui constitue le principal swadhyaya quotidien, « le texte essentiel », comme dit Baba. Dans les ashrams des Siddhas ce *chant du Guru* est récité chaque jour au petit matin.

La *Guru Gita* est un *mantramala* (guirlande de mantra) extrêmement puissant. Il accorde à la fois *bhukti* et *mukti*, le succès dans le monde et la libération spirituelle. Comme il n'y a aucune différence entre un mantra et sa divinité, la *Guru Gita* est le Guru.

KIRTANS

Les kirtans sont des chants rythmés où l'on répète inlassablement les noms de Dieu, ou des saints, par exemple *Hare Rama* et *Jai Jai Muktananda*. Ils peuvent en certaines occasions durer jusqu'à sept jours et sept nuits consécutifs. C'est ce que l'on appelle un *saptah*, terme qui signifie

« sept ». L'histoire qui est à l'origine du saptah montre bien toute la puissance du chant sacré.

Apprenant qu'il ne lui restait plus qu'une semaine à vivre, un roi chercha désespérément le moyen d'obtenir la libération en ce court laps de temps. Il envisagea la méditation, les austérités et l'étude des Écritures; mais leurs fruits n'étaient pas immédiats. La seule pratique produisant des résultats quasi instantanément était le chant sacré. Comme dit le grand saint Tukaram : « Avoir aux lèvres le nom divin, c'est être tout près de la libération. » C'est ainsi qu'eut lieu le premier saptah, un cours intensif d'une semaine ouvrant les portes de la libération.

Le chant représente aussi, du moins pour moi, le chemin le plus rapide vers l'extase. En fait, je ne puis donner ici la moindre idée de la joie intense procurée par ces chants merveilleux. Dans la salle de méditation, plongée dans la pénombre, brûlent de l'encens et quelques bougies. On entend jouer les harmoniums et les tambourins. Un petit groupe mène le chant que le reste de la salle reprend après lui. L'échange se poursuit indéfiniment, les heures passent et l'on oublie le temps. Au bout d'un moment, on a l'impression d'entendre des chœurs angéliques, évoquant quelque lointain paradis perdu. Quand vous prenez un bain dans cet océan de mantra, vous balançant doucement au rythme de la musique, vous sentez toutes vos tensions, tous vos nœuds se relâcher, et des vagues d'amour vous envahir.

L'AMOUR

C'est pour cela, en réalité, que nous pratiquons le chant. « Chanter le nom divin, dit Baba, est la manière la plus merveilleuse de faire naître l'amour intérieur. L'amoureux de Dieu recherche son bien-aimé en chantant le nom divin. »

L'amour est le fruit du chant, un fruit délicieux. Le chant ouvre le cœur et les vannes de la béatitude et de l'amour, qui imprègnent alors chaque cellule du corps. Le chant exerce un effet apaisant sur le corps et l'esprit, canalise la Shakti éveillée et plaît à l'Énergie intérieure.

Nombreux sont ceux qui, croyant bien faire, cherchent le Soi au moyen de disciplines ardues et de sévères austérités; mais Baba répétait toujours qu'un tel ascétisme n'est pas nécessaire. Il suffit de répéter le nom divin, de chanter le mantra avec amour, pour que tous les obstacles s'évanouissent et que soient obtenus tous les fruits spirituels. Le chant est habité par une énergie formidable, celle-là même qui a créé l'univers; c'est pourquoi rien, ni dans le ciel ni sur la terre, ne saurait lui résister.

Une de mes amies écrivit un jour à Baba pour lui demander s'il serait possible d'être « comme vous, toujours dans la béatitude ». Baba lui répondit : « Chantez le mantra avec ferveur. Chantez de tout votre cœur et la béatitude se manifestera. Aucune négativité ne peut résister à la béatitude du nom divin. »

CHAPITRE 7

LA MÉDITATION : LE VOYAGE INTÉRIEUR

C'est par la méditation
Que le Soi se révèle.

Bhagavad-Gita

Patanjali définit la méditation comme « la cessation des pensées qui agitent l'esprit ». Rien de bien difficile à première vue. Mais essayez donc ne serait-ce qu'une minute, et vous aurez vite compris que cela est plus facile à dire qu'à réaliser.

C'est pourquoi les différentes traditions spirituelles offrent tout un éventail de techniques parmi lesquelles le chant, destinées à dépasser l'esprit afin d'accéder à la méditation. Certaines écoles de bouddhisme tantrique utilisent également des visualisations, tandis que les bouddhistes *zen* méditent sur des questions insolubles appelées *koans*. Quand l'esprit rationnel tente de comprendre ce qu'est « l'applaudissement d'une seule main » ou de se souvenir « du visage que nous avions avant la naissance de nos parents », il s'arrête de fonctionner; alors nous le transcendons et accédons à l'état de cessation des activités de la pensée qui est celui du Soi.

LA MÉDITATION SIDDHA

La méditation Siddha est une méthode traditionnelle extrêmement efficace pour arrêter le mental
et nous donner accès au Soi intérieur. La différence entre la méditation Siddha et les autres
techniques, c'est qu'au lieu d'arrêter l'esprit par
nos seuls efforts personnels, nous bénéficions de
l'aide d'une puissance supérieure, du Siddha Guru
et de la kundalini éveillée.

Le résultat d'une telle collaboration, c'est une
méditation doublement efficace. Avec un minimum d'efforts, nous obtenons immédiatement des
fruits extraordinaires. Baba disait souvent que le
Siddha Yoga n'est pas un « yoga à crédit », mais un
yoga qui « paie comptant ». Ce qu'il voulait dire,
c'est que pour obtenir les premiers résultats, il
n'est pas nécessaire d'avoir derrière soi de longues
années d'ascèse et de pratique.

Cette image correspond d'ailleurs à ce que disent
les Écritures. Pour les textes shivaïtes, tous nos
problèmes découlent d'un appauvrissement en
énergie spirituelle. La méditation Siddha y remédie
en nous donnant accès à l'immense trésor spirituel
qui est en nous et à l'énergie de cette grande lignée
à laquelle appartiennent Baba et Gurumayi. En
puisant à cette source originelle de grâce, nous
obtenons des méditations et des expériences spirituelles dont nous n'aurions jamais osé rêver.

C'est alors que l'aventure suprême devient vraiment passionnante ! Visions de Siddhas, de dieux et
de déesses, voyages à travers d'autres mondes,
perception de lumières et de musiques intérieures,
inspiration poétique, disparition des mauvaises
habitudes et des blocages psychologiques, compréhension spontanée des Écritures, souvenir de vies

passées, sortie du corps physique, ivresse de l'amour divin, et finalement vision béatifique de Dieu : voilà tout ce que peut apporter la méditation à des gens ordinaires comme vous et moi, avec la grâce d'un grand être.

LES ÉTAPES DE LA MÉDITATION

Les *Shiva-Sutras* disent : « Le yoga comporte des étapes plus merveilleuses les unes que les autres. » Certaines d'entre elles sont tellement stupéfiantes que nous devons nous tourner vers les Écritures ou vers le Guru pour pouvoir les interpréter. C'est pourquoi je voudrais souligner ici quelques-unes des principales étapes de ce voyage, telles que je les ai vécues, par la grâce de Baba et de Gurumayi. Je signale à cet égard que l'autobiographie spirituelle de Swami Muktananda, *Le Jeu de la Conscience,* en est le texte fondamental. C'est une sorte de guide du voyage intérieur, dans lequel on trouvera la réponse aux questions qui pourraient encore se poser après la lecture du présent ouvrage.

UNE CARTE DU CŒUR

Ce corps est un lotus possédant quatre pétales : physique, subtil, causal et supracausal. Chaque corps en contient un autre. Beaucoup se plaignent de ne pas avoir d'expérience en méditation; c'est parce qu'ils demeurent uniquement dans le premier pétale, le corps physique. Ils vont parfois un peu plus loin et parviennent au deuxième pétale, le corps subtil, qui correspond à l'état de rêve. Ce corps subtil apparaît en méditation sous l'aspect d'une lumière blanche de la taille d'un pouce. Le corps causal, qui correspond à l'état de sommeil profond est de teinte sombre et grand comme le bout du doigt. Le corps supracausal est un minuscule point bleu, une minuscule perle bleue. De cette minuscule perle bleue, qui est le Soi, émane toute chose. C'est la graine de l'univers, la graine du cœur.

Gurumayi nous donne là une vue générale du paysage intérieur et une carte complète du voyage spirituel. En méditation, nous progressons vers l'intérieur, passant du corps physique et de l'état de veille à des pétales plus profonds de notre être et à des états de conscience plus subtils, jusqu'au moment où nous pénétrons enfin dans ce point bleu, la perle de grand prix, nous unissant ainsi à notre véritable Soi et à l'univers tout entier.

Dans la méditation Siddha, ce mouvement vers l'intérieur se produit tout naturellement. La Shakti commence généralement à travailler sur le pétale extérieur, le corps physique, le fortifiant et le purifiant. Comme je l'ai relaté, dès que je m'asseyais et répétais le mantra, une énergie supraconsciente s'emparait de mon corps et je me retrouvais dans des postures de hatha yoga dont je n'avais même jamais entendu parler. Je faisais la posture renversée, le poirier, le poisson, l'arc, la sauterelle et la charrue, tandis que s'effectuaient spontanément divers exercices respiratoires. Ces « méditations » étaient si épuisantes que je finissais hors d'haleine et trempé de sueur. Je n'avais jamais travaillé aussi dur depuis mes séances de catch à l'école préparatoire. Mais ensuite, je me sentais merveilleusement bien, comme cela ne m'était pas arrivé depuis des années. Je sentais le prana affluer dans mon corps; j'avais très bon appétit et dormais comme un loir.

Cette régénération du corps physique est la première tâche accomplie par la méditation. Car, pour transcender le corps et atteindre le Soi, il faut être robuste et en bonne santé, comme le disent les *Upanishads* : « Les premiers signes de progrès sur la voie du yoga sont une bonne santé, une impression de légèreté, un teint clair, une belle voix, un corps qui sent bon et l'absence de désir[1]. »

LES KRIYAS

J'appris plus tard que ces mouvements yoguiques portent le nom de kriyas. En fait, les kriyas peuvent se produire à différents niveaux : mental, émotionnel et physique. Tandis qu'elle se déploie à travers tout notre organisme, la Shakti éveillée procède à un « nettoyage » général. Elle enlève les blocages d'ordre physique, mental et émotionnel qui nous donnent l'impression d'être quelqu'un de limité, de misérable.

Elle nous libère aussi des accoutumances néfastes : tabac, alcool, drogues, repas trop copieux. Quand nous découvrons en nous une source de béatitude ininterrompue et qui ne dépend de rien, nous n'éprouvons plus le moindre besoin d'absorber des drogues et des stimulants extérieurs. Les germes des vieilles habitudes sont détruits et cessent de nous réduire en esclavage, si bien que nous commençons à comprendre ce qu'est le véritable bonheur.

Mais cette purification intérieure n'est pas toujours très agréable. On éprouve parfois une grande tristesse ou une violente colère, on revit des souvenirs à la fois sans intérêt et traumatisants, ou bien

135

on souffre physiquement, on ressent une chaleur intense dans certaines parties du corps. Avant d'être éliminées, nos mauvaises habitudes peuvent commencer par s'accentuer. Parfois, au cours de la méditation, la Shakti s'attaque aux germes de maladies latentes, ce qui peut provoquer la manifestation des symptômes pathologiques correspondants. En ce cas, Gurumayi conseille à ses étudiants de consulter un médecin. Mais tout cela n'est jamais bien grave.

J'avais commencé à méditer depuis quelques mois, lorsque se manifestèrent tous les symptômes d'une dysenterie aiguë. Ce n'était guère plaisant, mais je continuais à me sentir heureux et en pleine forme; l'ennui, c'est que je ne pouvais garder aucun aliment. Tout ce que je mangeais était immédiatement rejeté! Mon médecin ne me trouva rien d'anormal; finalement cette crise s'arrêta toute seule et ne se reproduisit jamais. Après cela, j'eus l'impression que tout mon système digestif avait été régénéré.

Malgré leur caractère parfois désagréable, ces kriyas, notons-le, sont toujours bénéfiques et de courte durée, le temps que la Shakti nous débarrasse de nos scories et nous régénère.

C'est d'ailleurs notre ignorance totale et nos idées fausses au sujet de ce grand processus de divinisation qui incita Baba à divulguer pour la première fois les secrets du Siddha Yoga; depuis des millénaires, en effet, cette science était tenue cachée, voilée derrière les métaphores. Baba était déjà un yogi accompli lorsqu'il reçut shaktipat, et cependant il ignorait presque tout des effets d'une kundalini éveillée. Se méprenant sur la nature de ses kriyas, il crut s'être fourvoyé et connut une période extrêmement difficile. C'est alors qu'il découvrit un texte[2] expliquant le caractère divin de shaktipat et le processus régénérateur du Siddha Yoga; à partir de ce moment, ses craintes s'évanouirent et il put reprendre ses pratiques en toute confiance. Ayant eu lui-même à souffrir de cette ignorance, il révéla ces secrets pour nous épargner ce que lui et d'autres avaient enduré. Voici ce qu'il nous conseille : « Sachez que tout ce qui vous arrive, tous ces kriyas, sont les bénédictions de la déesse Chiti, la Conscience universelle, et offrez-les-Lui. Cela vous apportera le calme et la paix intérieurs[3]. »

Certains méditants n'ont pas de kriyas physiques. C'est qu'ils n'en ont pas besoin. La Shakti est une énergie supraconsciente qui adapte notre sadhana à nos besoins. Dans mon cas personnel, dès que mon corps fut suffisamment purifié, ces mouvements physiques diminuèrent et finirent pratiquement par disparaître. Mes méditations s'approfondirent et je commençai à voir cette lumière blanche dont parle Gurumayi.

L'ÉTAT DE TANDRA

Quand nous franchissons le premier pétale, nous pénétrons dans un état de conscience merveilleux appelé *tandra*. Les Écritures lui donnent aussi le nom de *yoganidra*, « sommeil yoguique », car il ressemble un peu à l'état de rêve; mais il s'agit en fait d'un état de méditation, et tout ce que nous y percevons est réel. Nous sommes alors en possession d'un œil divin, transcendant le temps et l'espace, avec lequel nous percevons ce qui se déroule à des milliers de kilomètres ou ce qui se passera dans un lointain avenir. On peut avoir la vision du Guru ou d'autres saints, contempler des épisodes de nos vies antérieures, ou bien obtenir une dévotion ou une connaissance extraordinaires. On peut même recevoir du Guru et d'autres sages des cadeaux, des ordres, des remèdes ou des mantras.

A un moment donné, je ressentis une douleur permanente dans le pied gauche et en parlai à mon médecin. « Monsieur Hayes, me dit-il, vous vieillissez. C'est le genre de douleurs qui viennent avec l'âge. – Vieux! m'exclamai-je, j'ai trente-cinq ans! » Je vis ensuite un acupuncteur qui me planta des aiguilles pendant plusieurs mois; mais la douleur persistait. C'est alors qu'un matin, en état de tandra, m'apparut un prêtre catholique. J'ignorais son identité, mais je savais que c'était un Siddha. « Prends ceci en tisanes », me dit-il en me remettant un sachet de feuilles de laurier. Il me montra également que cette douleur dans le pied se rattachait toujours au même karma, celui qui m'avait rendu infirme quand j'étais médecin à Liverpool, celui aussi qui m'avait fait naître avec un pied légèrement déformé.

J'eus du mal à accepter cette expérience. J'étais même franchement sceptique. Je ne voyais vraiment pas comment de simples feuilles de laurier allaient pouvoir guérir mon pied. Toutefois, je m'en procurai et me fis des tisanes. Ce breuvage avait bon goût et j'en prenais deux fois par jour. Au bout de trois jours, la douleur dans mon pied disparut et ne revint jamais.

Je dois aussi préciser que tout ce que l'on voit en méditation n'est pas forcément sublime. On peut par exemple éprouver une violente excitation sexuelle ou se voir accomplir des actions bannies depuis longtemps. Dans certaines méditations, je me voyais en train de boire de l'alcool, de fumer et de manger de la viande. Il ne faut pas s'inquiéter de ce genre de choses. Baba dit que tout ceci est bon signe et signifie que la Shakti accomplit parfaitement son travail. La kundalini éveillée s'attaque aux impressions passées – celles de cette vie et des vies antérieures – et les expulse.

Parfois on peut aussi avoir certaines expériences de très bon augure, mais assez impressionnantes : visions de flammes, de grands incendies, d'étranges créatures, de cobras et d'autres serpents. Quoi qu'il en soit, il faut toujours se souvenir que dans la méditation Siddha nous sommes sous la protection d'un Siddha Guru, et qu'il ne peut rien nous arriver de fâcheux.

LE LAYA YOGA

Le Siddha Yoga inclut les huit yogas traditionnels, parmi lesquels le laya yoga, le yoga des sons et des lumières intérieures. Pour un très grand nombre de gens, c'est ainsi que se manifeste l'énergie de la méditation. Les lumières des divers corps dont parle Gurumayi sont des manifestations du laya yoga; en se concentrant sur elles, on peut atteindre des états de méditation plus profonds. Il ne s'agit pas d'*essayer* de les voir. « Hier soir, j'ai parlé de la lumière blanche, dit un jour Gurumayi à Mexico, et quelqu'un demanda s'il devait la visualiser. Il n'est pas question de visualiser cette lumière blanche. Quand la kundalini est éveillée, il se produit une explosion intérieure, et la lumière se manifeste d'elle-même[4]. »

« En méditation, expliquent les *Upanishads*, on voit parfois ce qui semble être de la neige, des cristaux, de la fumée, du feu, des éclairs, des lucioles, le soleil ou la lune. Toutes ces visions sont le prélude à la lumière divine[5]. »

La plus stupéfiante de toutes ces lumières est

sans conteste le point bleu, la perle bleue. C'est un point bleu électrique qui jaillit parfois comme l'éclair devant vos yeux, aussi bien en méditation qu'à d'autres moments. Cette lumière est celle du pétale supracausal, le corps du Soi; quand on l'a vue, on peut considérer que l'on a vu Dieu en personne. Elle semble parfois présenter une teinte noire ou marron, mais c'est uniquement à cause des impuretés de notre vision. En persévérant dans la méditation, nous aurons la révélation de sa véritable nature. Comme le dit Baba, nous la verrons apparaître de plus en plus fréquemment et de plus en plus longtemps.

Cette vision s'accompagne de l'audition d'une étonnante musique, appelée dans la tradition yoguique *anahata nada*, le « son non frappé ». Dans d'autres voies, on l'appelle également le Nom, le Verbe, la musique des sphères ou le chœur des anges[6]. Cette musique angélique ne s'arrête jamais à l'intérieur de nous. Elle est qualifiée de « non frappée » parce qu'elle n'est pas le résultat d'un frottement ou d'une percussion. C'est la musique de la Conscience, l'écho du Soi; c'est le son *Om*, la vibration de la perle bleue, la voix de la kundalini.

Ce *nada* se manifeste sous d'innombrables formes : chant ou mantra, tintement de cloches, son de trompettes, d'instruments à cordes ou de flûte, coups de tonnerre, bruissement de l'eau, musique électronique, perçus aussi bien en méditation que dans l'état de veille.

La forme que prend le *nada* est sans importance. Ce qui compte, c'est d'immerger notre esprit en lui. Gurumayi a beaucoup parlé de cette musique intérieure. Elle dit qu'en obéissant à ses rythmes, on ne risque jamais de se tromper.

La lumière de la méditation est inépuisable. Elle peut nous conduire dans d'autres mondes parfaitement réels. Beaucoup de grands sages ont mentionné leur existence, mais tant que l'on n'en fait pas soi-même l'expérience, il est difficile de croire en leur réalité. Il s'agit de mondes subtils et non de mondes physiques. Ils sont faits de conscience. C'est pourquoi on ne peut s'y rendre au moyen du corps physique. Mais en méditation, notre âme peut y aller et en revenir instantanément.

Dans le *pitruloka*, le monde des ancêtres, vivent les âmes des honnêtes gens avant qu'ils ne se réincarnent. J'eus un jour la vision de ma grand-mère. Elle était assise sur un muret, égrenant son chapelet et surveillant un petit garçon. Il n'y avait pas de soleil, mais la luminosité était bonne. Le ciel brillait comme de la nacre. Elle sembla surprise de me voir là. Mais je la rassurai aussitôt : « Je ne suis pas mort, je médite. » Nous nous sommes entretenus pendant quelques instants. Je remarquai la petite marque brune de naissance qu'elle avait sur sa tempe gauche, un détail auquel je n'avais pas pensé depuis sa mort, quinze ans auparavant. Elle me donna certains conseils. Puis brusquement, ce monde s'évanouit, et je me retrouvai dans mon appartement de New York, sortant de méditation.

Inutile de préciser que je ne suis pour rien dans cette expérience extraordinaire. Je n'étais pas en train d'essayer d'aller au ciel, mais de méditer sur mon Soi intérieur et de répéter le mantra *Om Namah Shivaya*. Je suis tout aussi incapable de vous expliquer le processus de ce voyage astral. Il témoigne de la volonté divine et des immenses ressources de la déesse Kundalini.

Il existe encore d'autres mondes habités par des Siddhas et diverses créatures célestes où, par la grâce du Guru, on peut aussi se rendre.

LES DIEUX

J'entrai un jour dans un profond état de méditation. Soudain, j'entendis carillonner d'énormes cloches et vis flamboyer des faisceaux de lumière blanche. Levant la tête, j'aperçus un visage me fixant dans l'obscurité intérieure. C'était le visage d'une statue au regard sauvage et archaïque, tout illuminé et hérissé de Shakti et de force. Puis le visage se changea en chouette et une voix intérieure annonça : « Tu viens de contempler Pallas-Athéna. »

Au sortir de la méditation, mes cheveux étaient dressés sur ma tête et mon corps chargé d'énergie. Jusque-là je ne croyais ni aux dieux ni aux déesses. Mais mon opinion changea radicalement. Je vis que tous ces dieux étaient en moi, que tous les mythes et toutes les légendes étaient vrais. C'était moi qui n'avais pas compris leur langage secret.

Assis sur mon tapis volant, je filais vers d'autres mondes, où j'entendais le chœur des anges, la flûte de Krishna et celle de Pan, où je contemplais Athéna, la protectrice des héros, et « entendais l'antique Triton souffler dans sa trompe enrubannée[7]. »

L'ULTIME RÉALISATION

Le méditant est susceptible de faire encore bien d'autres expériences, mais au bout du compte, le point culminant de toute sadhana, c'est le moment où l'on pénètre dans la perle bleue. C'est là que l'on obtient ce que les Ecritures appellent la réalisation de Dieu avec forme. Dans le sanctuaire magique de la perle bleue, nous voyons apparaître Dieu sous la forme où nous l'adorons, quelle qu'elle soit. Le chrétien verra Jésus, le bouddhiste Bouddha. Et pourtant, nous dit Baba, la vision de cet Être suprême ne constitue pas encore le terme de notre voyage :

> Après une longue pratique de la méditation, le jour arrive où la perle bleue explose; sa lumière emplit tout l'univers et l'on sent que l'on est devenu omnipénétrant. Cette expérience est la culmination de la sadhana, l'ultime réalisation. C'est l'instant de la fusion avec le corps de Dieu. C'est à la suite de cette expérience que le grand Shankaracharya proclama avec force : « Je suis Shiva[8]. »

Toutes les voies font certaines promesses, mais le Siddha Yoga fait la plus grandiose de toutes les promesses : il déclare que si nous pratiquons fidèlement la méditation selon les directives du Guru et par amour pour Dieu, nous parviendrons à l'état de Siddha, jouissant d'une béatitude infinie, de l'union totale et définitive avec le Soi.

Les Écritures ont coutume de dire que le meilleur moment pour méditer se situe entre trois et six heures du matin. Cependant, ceux qui méditent par le pouvoir de la grâce du Guru n'ont pas à se préoccuper outre mesure des conditions requises. En un sens, dès que nous commençons à répéter le mantra, nous créons un environnement favorable à la méditation.

La question du lieu revêt toutefois une plus grande importance.

Un grand être est toujours en état de méditation, mais pour nous, qui n'en sommes pas encore là, l'environnement joue un rôle capital. Comme le sommeil, la méditation doit être suscitée, courtisée. Vous arriverez peut-être à dormir sur la banquette d'un autobus, tandis que votre voisin écoute la radio, mais n'est-il pas tellement plus facile de dormir dans l'obscurité et le calme de votre propre chambre?

Réservez donc un endroit particulier à la méditation. L'idéal est d'avoir une pièce uniquement consacrée à cela, mais si c'est impossible, contentez-vous d'un coin libre dans une pièce, qui sera exclusivement réservé aux pratiques spirituelles. Peu à peu, la Shakti s'y accumulera et la méditation deviendra de plus en plus facile. Si vous le désirez, vous pouvez installer un petit autel, sur lequel vous mettrez une image de Dieu ou la photo du Guru. Afin de purifier l'atmosphère, et de faciliter la méditation, il est bon de brûler de l'encens et de pratiquer le chant.

Asseyez-vous par terre ou sur une chaise. Choisissez des vêtements chauds et amples; mettez près de vous une couverture ou un châle au cas où vous auriez froid. Asseyez-vous sur de la laine, qui joue un rôle d'isolant et empêche l'énergie de méditation de se perdre dans le sol et la garde en vous.

Procurez-vous un minuteur, ou à défaut un réveil. Ainsi, vous n'aurez pas à vous préoccuper de la question de temps. Réglez le minuteur entre vingt minutes et une heure.

Mettez-vous à l'aise. Si vous êtes assis par terre, croisez les jambes ou faites le demi-lotus. Placez les mains devant vous, les paumes superposées, ou bien sur vos genoux, en faisant la *chin mudra* (bouts du pouce et de l'index joints). Tenez-vous bien droit. Respirez de façon naturelle. Toutefois, si au cours de la méditation votre respiration se modifie ou s'arrête, n'intervenez pas. S'il y a du bruit autour de vous, restez détaché, ne vous laissez pas entraîner par une réaction émotionnelle; intégrez ce bruit à votre méditation. Maintenant, fermez les yeux et laissez-vous aller; ne pensez pas, maintenez-vous dans cet état sans pensées. Si vous n'y parvenez pas, utilisez alors l'une des techniques suivantes.

INTÉRIORISATION

Au lieu de méditer sur quelque objet extérieur, ce que nous faisons toute la journée, intériorisez votre attention. Fermez les yeux. Ne vous laissez pas entraîner par les sens. Ne laissez pas votre énergie se dissiper dans le monde extérieur, dirigez-la vers sa source, qui est en vous. Cette focalisation de l'attention génère une grande énergie, tout comme les rayons solaires, concentrés par leur passage à travers une loupe, peuvent allumer un feu.

MÉDITATION SUR LE SOI

Méditez sur le Soi et non sur les pensées qui vous traversent l'esprit. Le Soi est celui qui observe vos pensées, il est le témoin de votre esprit. Observez l'observateur.

MÉDITEZ SUR LE SOI EN TANT QUE SOI

Ne méditez pas sur le Soi comme si c'était une noix, un objet autre totalement extérieur à vous-mêmes. Vous êtes le Soi. Devenez le Soi. Cessez, du moins pour le moment, de vous identifier avec votre corps physique, votre esprit ou vos émotions. Soyez Shiva, le Soi universel.

MÉDITATION SUR UN GRAND ÊTRE

Patañjali nous recommande de méditer sur quelqu'un qui est « au-delà de l'attachement et de l'aversion ». Choisissez la forme de Dieu que vous aimez le plus, ou bien méditez sur celle du Guru ou d'un saint. Ainsi, vous vous imprégnerez de leur état de conscience et de leurs qualités.

MÉDITATION SUR L'ESPACE ENTRE L'INSPIRATION ET L'EXPIRATION

Entre l'inspiration et l'expiration il y a un temps d'arrêt où le souffle disparaît à l'intérieur. De même entre l'expiration et l'inspiration : cette fois le souffle disparaît à l'extérieur. Méditez sur cet

espace entre les respirations. Que votre esprit
demeure dans cet interstice où n'existe plus
aucune pensée, d'abord à l'intérieur, puis à l'extérieur. Quand le souffle disparaît, les pensées disparaissent; quand les pensées disparaissent, l'esprit
disparaît; quand l'esprit disparaît, le Soi se révèle.
Cet interstice est une porte dérobée de l'esprit, une
boiserie secrète par laquelle nous pouvons nous
évader et sortir de la pièce de notre conscience
limitée.

CONSIDÉREZ LES PENSÉES COMME UN JEU
DE LA CONSCIENCE

Si les pensées ne cessent pas de se manifester,
détachez-vous d'elles. Voyez en elles la Conscience. Essayez d'en percevoir la *substance* plutôt
que le « sens ». Chaque pensée, intéressante ou
non, n'est qu'une forme de la Conscience, de
même que chaque vague fait partie de la mer.
Observez le flux et le reflux des vagues que sont
vos pensées. D'où viennent-elles? Où vont-elles se
fondre?

APRÈS LA MÉDITATION

La Conscience n'est pas seulement le substrat de
nos pensées et de nos émotions. Le monde entier,
nous disent les Siddhas, est fait de Conscience.
Même quand vous n'êtes plus en état de méditation, soyez toujours conscients que le monde est la
manifestation de Dieu, que la terre est le corps de
la Shakti divine. Considérez tout ce qui vous
arrive, bon ou mauvais, comme étant la grâce de

Dieu. Considérez tous ceux que vous rencontrez comme la flamme de Dieu. « Le monde est tel que vous le percevez », dit le *Yoga Vasishtha*. Si vous voyez en lui la Conscience, alors il devient la Conscience. Quand vous pensez que vous êtes Shiva, alors vous devenez Shiva, le Seigneur.

CHAPITRE 8

ÉTUDE ET SERVICE :
LUMIÈRE SUR LE CHEMIN

UDDALAKA : « *As-tu demandé à recevoir cette connaissance grâce à laquelle on entend ce qui ne peut être entendu, on voit ce qui ne peut être vu et l'on sait ce qui ne peut être su ?* »

SVETAKETU : « *Quelle est donc cette connaissance ?* »

UDDALAKA : « *De même, mon fils, que la connaissance d'un simple morceau d'argile permet de connaître tout ce qui est fait d'argile, ces objets ne différant que par le nom... de même cette connaissance permet de connaître toute chose.* »

Chhandogya Upanishad

Toute la misère de l'homme n'a d'autre cause que l'ignorance de sa nature véritable. Cette cause profonde est appelée *anava mala,* une contraction qui nous fait croire et éprouver « je suis imparfait », « je ne suis pas Shiva ».

Cette illusion fondamentale donne naissance à un grand arbre possédant deux branches maîtresses : *mayiya mala* et *karma mala.* Mayiya mala nous fait percevoir des différences en ce qui est, en essence, un jeu de la Conscience suprême. C'est ainsi que nous qualifions certaines choses de bonnes ou de mauvaises, de nobles ou de viles, de bénéfiques ou de néfastes, de spirituelles ou de mondaines. Karma mala nous pousse à rechercher ce qui est « bon » et à éviter ce qui est « mauvais ». Ces actions nous créent du karma, ce qui nous lie au cycle du samsara, la ronde perpétuelle des morts et des renaissances. C'est ainsi que l'Être éternel descend sur la terre et se trouve crucifié sur l'arbre de l'Espace et du Temps.

Il suffit donc, pour mettre un terme à nos souffrances, de les trancher à la racine, avec l'épée de la connaissance. Une fois que cet arbre des souffrances se trouve privé de ses racines, tout le fantastique édifice qu'il supportait s'écroule et disparaît.

C'est pourquoi Gurumayi nous dit : « Vous êtes Shiva. Dieu demeure en vous, il est vous-mêmes. » En entendant prononcer ces paroles, le grand sage du IXe siècle, Shri Shankaracharya, atteignit immédiatement la réalisation.

MATURATION

Mais pour la majorité d'entre nous ce n'est pas le cas. Le plus souvent, même après avoir entendu la Vérité, il ne « se passe » rien. C'est que la connaissance intellectuelle et la réalisation de la Vérité sont deux choses différentes. L'aspirant doit d'abord mûrir avant que le fruit ne lui tombe dans la main.

L'étude et le service sont parmi les deux meilleurs moyens pour parvenir à cette maturation. Le premier nous permet de stabiliser la connaissance acquise en méditation, le second de la mettre à l'épreuve.

Baba aimait raconter cette histoire du yogi qui vivait seul dans une caverne, au cœur de la forêt. Croyant avoir atteint l'Absolu, il quitta sa caverne et descendit à la ville pour donner un sermon sur l'amour universel. A son arrivée, quelqu'un le bouscula et un autre lui marcha sur les pieds. « Espèces d'imbéciles! » s'écria-t-il; et ce fut là tout ce qu'il trouva à dire.

LE JNANA YOGA

De même que l'ignorance est la racine de la souffrance, la connaissance est la racine de la libération. C'est pourquoi le Siddha Yoga ne se contente pas d'une foi aveugle. « La connaissance sans l'amour est aride, dit Gurumayi; mais sans la connaissance, l'amour est une folie! »

La compréhension juste est appelée *jnana yoga*, le yoga de la sagesse. Baba disait d'ailleurs que la compréhension juste était encore plus importante que l'expérience intérieure. Elle conduit infailliblement à l'expérience; mais une expérience sans la connaissance juste ne sert à rien.

L'autre jour, par exemple, une étudiante en Siddha Yoga me parla d'un air bouleversé du « démon » qu'elle avait vu en méditation et m'en fit une description détaillée : teint basané, yeux noirs comme de l'encre, longue moustache frisée. Quand elle eut terminé, je lui montrai une image dans un livre sur l'art indien. « C'est lui! » s'exclama-t-elle. Mais, en lisant la légende, nous vîmes qu'il s'agissait en fait d'un être céleste et non pas d'un démon!

Elle fut transportée de joie et courut raconter

l'histoire à son mari : « Figure-toi qu'un être céleste m'est apparu en méditation et m'a bénie! » Bien sûr sa joie était parfaitement justifiée. Mais d'où venait ce changement d'attitude? De sa compréhension; l'expérience quant à elle n'avait pas changé.

Tel est le but de ce livre et de tous ceux écrits par Baba et Gurumayi, le but aussi des milliers de causeries qu'ils ont prononcées : nous donner une nouvelle compréhension de notre propre grandeur, nous rappeler qui nous sommes et ce que nous sommes réellement. Ce n'est pas la valeur personnelle, mais le niveau de compréhension qui fait la différence entre un grand être et quelqu'un d'ordinaire. La Vérité se trouve en eux dans toute sa plénitude mais, tandis que le grand être en est conscient, l'autre personne ne l'est pas. C'est pourquoi la Siddha yogini Bahinabai dit : « Dieu est présent dans ce que vous éprouvez. »

LES LIVRES

« Celui qui brille dans les profondeurs de votre regard, c'est Brahman; c'est votre propre Soi, le Magnifique, le Lumineux. Dans tous les univers, il brille à tout jamais[1]! » Dans le Siddha Yoga, l'eau pure de cette perception divine jaillit spontanément de l'intérieur. Malgré tout, elle doit être amorcée et éclaircie par l'étude et la contemplation. Voici ce que raconte Gurumayi à ce sujet : « Je me souviens qu'à une certaine époque, je pensais que je n'avais pas besoin d'étudier les Écritures ou les systèmes philosophiques, et qu'il était tout aussi inutile que j'écoute les causeries de Baba. Je me disais que j'accomplirais la traversée simplement en exécutant mon travail quotidien. Quand je fus

152

bien ancrée dans cette attitude, Baba me fit appeler. Il attendait toujours, pour intervenir, le moment où l'on était parfaitement installé dans l'erreur.

– Est-ce que tu étudies la *Bhagavad-Gita*? demanda-t-il.

– Non, répondis-je.

– Qu'est-ce que tu lis en ce moment?

– Lire? fis-je en le regardant.

– Parfaitement, dit-il, il faut que tu lises. Crois-tu pouvoir atteindre quoi que ce soit sans jamais rien lire?

Je restai stupéfaite, car je l'avais toujours entendu dire : '' On n'a pas besoin de livres pour connaître Dieu; on n'a pas besoin de livres pour connaître la Vérité et pour atteindre la réalisation. '' Et voilà qu'à présent il me demandait de lire. Je le regardai d'un air ahuri.

– Va immédiatement à la bibliothèque et emporte une dizaine de livres, conclut-il. Tu dois en lire un par semaine[2]. »

LES ÉCRITURES

C'est l'une des choses qui me frappa le plus dans le Siddha Yoga : son profond respect pour la connaissance. Bien qu'ayant atteint la libération, transcendé les Écritures et les conventions sociales, Baba démontrait constamment son respect des Écritures et en suivait les injonctions. Dans les dernières années de sa vie, d'ailleurs, il s'absorba joyeusement dans la relecture du *Vijnana Bhairava*. Et sur ce point, Gurumayi lui ressemble parfaitement. Tout ce qu'elle enseigne se fonde sur les Écritures et, tandis que j'écris ces lignes, elle est en train de constituer à South Fallsburg une grande bibliothèque afin de préserver l'héritage spirituel du passé.

Si ces deux maîtres donnent aux Écritures cette place d'honneur, ce n'est pas à cause d'un sens étriqué de la tradition, mais parce qu'ils reconnaissent ce qu'elles représentent : le carnet de route, le journal intime des grands êtres qui les ont précédés sur le chemin spirituel. C'est ainsi que les Écritures peuvent servir de pierres de touche pour nos propres expériences. Quand celles-ci s'accordent avec ce que disent les Écritures et le Guru, nous pouvons être certains de leur authenticité.

Inversement, méfiez-vous des soi-disant instructeurs qui prétendent avoir découvert un « nouveau » sentier, ou qui recommandent des pratiques rejetées par les Écritures. La nature même de la Vérité est d'être éternelle et immuable. Dans quelle mesure une « nouvelle » vérité surgissant du néant peut-elle être vraiment authentique?

L'INTERPRÉTATION

L'étude des Écritures demande cependant quelques précautions. En premier lieu, il faut en faire une lecture intelligente. L'approche littérale, fondamentaliste, n'est pas toujours valable. « Ce qui est jour pour le yogi est nuit pour l'homme du monde, et ce qui est jour pour l'homme du monde est nuit pour le yogi », dit un verset de la *Bhagavad-Gita*. Je connais quelqu'un qui, en lisant cela, se crut obligé de dormir toute la journée et de passer ses nuits debout!

Par contre, certains passages des Écritures *doivent* être pris au sens littéral. Comme nous l'avons vu, les voyages dans d'autres mondes, les visions de dieux et de créatures célestes sont plus que des archétypes religieux et des métaphores littéraires. Alors comment étudier et interpréter correctement les Écritures?

Là encore, l'instructeur joue un rôle important. Car, bien qu'elle soit immuable, la Vérité s'applique différemment selon les époques et les individus. « Ce qui est démodé ou ce qui n'est plus qu'un simple rituel mécanique ne doit pas être imposé à la nouvelle génération[3]. » Certains textes yoguiques, par exemple, recommandent chaleureusement la pratique de jeûnes prolongés et de dures austérités; mais comme Baba le faisait remarquer, ces textes furent composés durant le *Krita Yuga*, époque à laquelle les gens étaient beaucoup plus robustes qu'actuellement; à notre époque du *Kali Yuga*, on peut obtenir les mêmes résultats au moyen de la méditation et du chant.

Mais, ce qui est plus important encore, c'est que le Guru peut nous donner une expérience de l' « Unique » dont parlent les Écritures. « Ce qui est connu intellectuellement par l'étude des textes, dit Baba, peut être appréhendé directement par le Siddha Yoga[4]. » Après avoir obtenu une telle expérience, nous percevons cette Vérité dont parlent les diverses traditions et tous ces textes deviennent véritablement vivants.

L'ÉTUDE

C'est pourquoi l'étude des textes est une chose importante. Elle affine l'esprit, lui qui peut faire obstacle à la libération comme nous y conduire. En réfléchissant sur les vérités spirituelles, celles-ci commencent peu à peu à pénétrer dans notre conscience, à colorer nos perceptions, et finissent par nous donner du monde et de nous-mêmes une nouvelle vision. Il s'agit essentiellement d'une reconnaissance, d'une redécouverte de ce que nous sommes vraiment. Voici comment finit l'histoire de Gurumayi :

> Quand Baba me demanda de lire tous ces livres, je me demandai vraiment en quoi cela pourrait m'être profitable. Mais quand j'en eus achevé la lecture, je sus ce qu'était le yoga de la sagesse. Le Seigneur Krishna dit :

> *Celui qui possède la sagesse*
> *Se dépouille en cette vie*
> *Des bonnes comme des mauvaises actions.*
> *Alors, consacre-toi au yoga.*
> *Le yoga, c'est accomplir l'action à la perfection*[5].

LE SEVA

Dans le verset ci-dessus de la *Bhagavad-Gita*, action et sagesse vont de pair. On ne peut agir sans la connaissance, et celle-ci ne sert que si elle est mise en pratique.

L'une des meilleures façons de mettre en pratique notre connaissance et de développer notre compréhension, c'est le *Guruseva*, le service désintéressé du Guru. Le Seva est une pratique traditionnelle tenue en haute estime. C'est aussi quelque chose de très mystérieux.

Un aspirant se rendit un jour auprès d'un Guru et lui demanda de l'instruire. « Voici mon enseignement, dit le Guru : Tu es l'Être. » Mais l'aspirant fut incapable de comprendre ce qu'il voulait dire et s'en alla trouver un autre Guru. Celui-ci était disposé à l'instruire, mais à une condition : l'aspirant devrait commencer par le servir pendant douze ans. Il accepta et fut chargé de ramasser les bouses de vache. Au bout de douze ans, il retourna auprès du Guru. « Voici mon enseignement, dit le Guru : Tu es l'Être. » En entendant ces paroles, l'aspirant obtint aussitôt l'illumination.

Qu'y avait-il de changé? Ce n'était pas la Vérité. Le chercheur avait reçu exactement le même enseignement que douze ans auparavant, auprès du premier Guru. La seule différence, c'est qu'à présent il était prêt à la recevoir. C'est la principale fonction du seva : nous purifier intérieurement afin que nous puissions pleinement saisir le sens des enseignements. Le balai avec lequel nous nettoyons les allées de l'ashram finit par dépoussiérer notre propre cœur. Le seva élimine les obstacles qui se trouvent dans notre cœur, dans notre tête et dans notre compréhension.

Mais il ne faudrait pas s'imaginer que le Guru *a besoin* de notre seva. On pourrait avoir l'impression de rendre service au Guru, mais c'est en fait l'inverse qui est vrai. C'est l'aspirant et non le Guru qui tire profit du seva.

Le Guruseva, en effet, est un moyen de choix conduisant à la libération et un précieux don spirituel. Gurumayi dit un jour que l'occasion de faire du seva ne se présente qu'au moment où les mérites accumulés au cours de nombreuses vies sont prêts à fructifier. Jnaneshvar dit :

Si grâce à votre mérite, l'occasion vous est donnée de servir le Guru, sachez que vous bénéficiez d'une chance, d'une faveur exceptionnelle. Ce désir de servir le Guru ne vient que par la grâce de Dieu.

Pour mieux vous faire comprendre le mécanisme du seva, j'aimerais partager avec vous quelques récentes expériences à ce sujet.

En mai 1986, au cours du premier périple de Gurumayi autour du monde, on me demanda de présenter ses programmes du soir au centre de Manhattan, à New York. En gros, mon travail consistait à souhaiter la bienvenue aux milliers de personnes qui venaient chaque soir voir Gurumayi, à parler brièvement sur un aspect particulier du yoga, puis à présenter les orateurs et Gurumayi. Mais tout d'abord, on me demanda de participer à un séminaire sur l'art de parler en public.

Pour être franc, cette idée de séminaire ne me plaisait pas du tout. J'avais l'impression d'avoir fait bien du chemin depuis cette soirée, à La Nouvelle-Orléans, où j'avais dû présenter Gurumayi pour la première fois. J'étais absolument terrifié et tremblais de tous mes membres en regardant la foule de plusieurs milliers de personnes qui me faisait face. Pour remédier à cela, j'avais mis par écrit tout ce que j'avais l'intention de dire et je me bornai à lire mes notes, le nez sur le papier.

Le lendemain matin, Gurumayi me fit appeler. « Depuis combien de temps étudies-tu le yoga ? demanda-t-elle. – Depuis sept ans, Gurumayi, répondis-je. – En ce cas, pourquoi as-tu besoin de notes ? Dorénavant, ne te sers plus de notes. Adresse-toi aux gens directement, parle en fonction de ton expérience, parle avec ton cœur. »

Ce conseil me parut judicieux. Je réduisis mes notes à une simple fiche de format 10 × 7 cm sur laquelle j'écrivis les mots clés. Puisque je ne lisais plus mon texte, je commençai à lever la tête et à regarder l'auditoire tandis que je parlais. Je pris alors conscience que ce qui semblait faire ma force était en fait mon point faible : toute ma vie je m'étais servi de la littérature pour communiquer avec les gens, mais aussi pour les tenir à distance respectueuse. Gurumayi avait immédiatement fait tomber cette muraille.

Aussi, lorsque un an après, j'entendis quelqu'un annoncer : « Ce séminaire va complètement transformer votre vie », je me dis que cela était parfaitement ridicule. Je ne mettais pas en doute ce pouvoir de transformation; seulement, après sept ans de Siddha Yoga, toute ma vie s'était déjà complètement transformée.

A la fin du séminaire nous pûmes revoir les causeries en vidéo. J'étais satisfait de ma prestation, mais quand je me vis apparaître sur l'écran de télévision, je fus saisi d'horreur! Etait-ce bien moi, cet individu à lunettes, cet intellectuel desséché, débitant sur un ton monotone son discours sur le Siddha Yoga? C'était absolument mortel!

Et le plus drôle, c'est qu'intérieurement je ne me *sentais* pas du tout ainsi. Je me sentais léger, gai et rempli d'amour. Mais en me regardant sur l'écran, jamais je ne l'aurais deviné car, je m'en rendais compte à présent, *je ne laissais pas cet amour s'exprimer.*

Cette découverte ouvrit en moi une énorme brèche. Je commençais à comprendre que, toute ma vie, j'avais refoulé cet amour de crainte d'être tourné en ridicule ou rejeté. Je compris aussi que je n'étais pas le seul dans ce cas. Tous, nous avons tant d'amour dans le cœur, mais pour une raison ou une autre nous ne le montrons pas!

Dans les semaines qui suivirent, je présentai les programmes de Manhattan. L'amour devint le thème de ma méditation. Gurumayi avait souvent parlé de l'amour divin mais, sans même m'en rendre compte, dès qu'elle abordait ce sujet, je n'écoutais plus et ne « rebranchais » que lorsqu'elle revenait à la philosophie et à l'expérience intérieure. A présent, par la magie du seva, j'avais l'impression que l'on m'avait débouché les oreilles et que je l'entendais réellement pour la première fois.

Désormais, lorsque j'accueillais les gens aux programmes du soir, j'essayais de parler à partir de cette source d'amour. On dit que le progrès spirituel consiste à élever sa conscience, mais la mienne me semblait au contraire chuter, passant de la tête à mon cœur! Et ce faisant, je sentais ma raideur disparaître, car on aurait dit que plus je révélais mon amour aux autres, plus il se manifestait en moi.

Le plus étonnant, c'est que les gens commencèrent à se comporter différemment à mon égard. Au lieu de me poser des questions intellectuelles sur le Vedânta ou le Shivaïsme du Cachemire, ils se mirent à me prodiguer leur affection.

Au début, cela me gênait beaucoup. Il m'était aussi difficile d'exprimer l'affection que d'accepter celle des autres. L'amour, ce n'était pas pour des « machos » dans mon genre. L'amour, voyons, c'était... pour les filles.

Mais une autre partie de moi-même savait bien que cette transformation était absolument indispensable à mon évolution. En outre, c'était une sensation merveilleuse. Mon cœur s'ouvrait, laissant s'échapper un élixir d'une saveur inimaginable.

ACCOMPLIR L'ACTION À LA PERFECTION

Ce seva me permit encore de tirer d'autres leçons. Les Écritures disent : *Shivena shiva sad-*

hana, « Faites la sadhana de Shiva en devenant Shiva. » Mais je m'étais toujours demandé comment y parvenir.

Et puis, un soir, tandis que je faisais mon seva, je réalisai que *Shiva était le meilleur de moi-même*.

Kierkegaard raconte l'histoire d'un vieux roi très laid tombant amoureux d'une belle et vertueuse jeune fille. Sachant parfaitement qu'elle n'accepterait jamais d'épouser un homme tel que lui, il va demander l'aide d'une sorcière. Elle lui fabrique un masque qui lui donne l'apparence d'un sage et noble prince. Sous les traits de ce prince, il courtise puis épouse sa bien-aimée. Il devient un roi juste et généreux et, pendant de longues années, poursuit un règne heureux.

Mais un soir, la sorcière fait son apparition et exige en récompense de ses services le premier-né du couple royal. Horrifié, le roi veut la chasser, mais elle menace de tout révéler, et dans un geste de rage, arrache le masque du roi. C'est alors que le miracle se révéla : au fil des années, le visage du roi s'était peu à peu transformé, devenant finalement identique à celui de son masque.

Ce beau et noble prince, c'est Shiva. Et Shiva était aussi ce que la tâche de présenter Gurumayi me forçait à être : je devais donner le meilleur de moi-même. Je devais être calme quand les autres s'agitaient. Je devais connaître les réponses quand on me questionnait. J'étais le *maître* de cérémonie. Tous les autres avaient le droit de craquer, mais moi, je devais être toujours invulnérable, chaleureux, attentif, aimable, précis. Il n'était pas question de penser à moi, d'avoir le moindre doute, la moindre hésitation. Je devais, du moins pendant ces quelques heures, oublier toutes mes faiblesses humaines et jouer au grand seigneur.

Et pendant ce temps les épreuves se succédaient,

afin que je ne m'endorme pas sur mes lauriers et pour voir de quoi j'étais capable. D'une part, je devais faire en sorte que le programme se déroule comme prévu mais, d'autre part, il était susceptible d'être modifié à tout instant. Un soir, alors que je m'apprêtais à souhaiter la bienvenue au public, on me remit une note qui disait : « L'orateur est en retard. Fais-nous une causerie improvisée de vingt minutes sur le chant. »

Un autre soir, alors que j'avais soigneusement préparé mon intervention, l'orateur qui me précéda traita exactement du même sujet. Je sentais bien qu'il ne me restait plus qu'à en changer, mais ayant déjà préparé mon discours, je ne pus m'y résoudre. Toutefois, à peine avais-je prononcé deux phrases que le micro cessa de fonctionner. Je regardai autour de moi : les lumières étaient toujours allumées, ce n'était donc pas une panne de courant. Je vérifiai l'interrupteur placé sur le micro, au cas où je l'aurais actionné par mégarde : il était ouvert. « Allô, allô! » dis-je. Rien! Alors je compris intuitivement ce qui s'était passé : Gurumayi avait mis mon micro hors circuit.

Si vous voulez absolument avoir une expérience du Soi, affrontez donc un public de deux mille personnes avec un micro coupé, sachant par ailleurs que votre Guru n'a pas envie d'entendre ce que vous vous racontez. Comme par enchantement, votre cerveau se videra et votre esprit s'arrêtera!

Mais ce qui me parut le plus stupéfiant, c'est que Gurumayi ne reculait devant rien pour me faire progresser, même si cela devait perturber son propre programme. A ce moment, mon malaise disparut et je me sentis tout excité. Car elle m'avait accordé ce que j'étais venu chercher auprès d'elle;

elle était mon maître et m'avait donné une leçon que je n'étais pas près d'oublier.

Aie confiance en toi, telle était la leçon en question. Fais confiance à ce que tu sens. Ecoute ton cœur, non ton esprit. Suis ton emploi du temps, mais écoute aussi la musique intérieure et tiens-toi prêt à tout changer s'il le faut.

Un peu plus tard, ce soir-là, je parlai avec un swami qui avait fait ce même seva de présentateur. Il me dit que Gurumayi avait l'habitude de lui téléphoner juste avant le début du programme et de bouleverser ce qui était prévu.

Le swami, qui était quelqu'un de très méticuleux, n'en pouvait plus, et un soir il éclata : « Gurumayi, je deviens fou! Tout le programme est soigneusement mis au point; pourquoi vouloir le bouleverser systématiquement? »

Il y eut un silence; puis Gurumayi dit : « Voyons, *Swamiji*, ne savez-vous pas que je fais exprès de provoquer ces tensions, afin que le jour où vous devrez faire face à une véritable épreuve vous puissiez vous en sortir avec élégance? »

Voilà comment enseigne un grand être, non pas simplement par des paroles et des discours, mais en nous précipitant dans des situations où nous sommes forcés de progresser. Au service d'un tel être, on apprend à agir avec élégance malgré la pression des événements et à accomplir l'action à la perfection. Le seva, quand il est fait pour un vrai Guru, devient un instrument grâce auquel les préceptes éthérés des Écritures pénètrent dans la réalité quotidienne. Il est tout à fait possible que ce que j'appris au sujet de l'amour et ce qu'apprit mon ami le swami au sujet de l'équanimité, puisse se révéler au bout de plusieurs années de thérapie. Mais en ce qui me concerne, cela n'a pris que trois semaines! Dans cette atmosphère de serre qu'est le seva, la croissance intérieure est accélérée et les vérités spirituelles fleurissent avec une rapidité et une vigueur étonnantes. Et je ne suis pas un cas spécial. Tous ceux qui ont eu l'occasion de servir un grand être pourraient vous raconter beaucoup d'histoires du même genre.

De plus, les leçons apprises au cours du seva se répercutent dans notre vie ordinaire. L'amour qui m'avait envahi durant ces semaines passées à Manhattan ne s'est pas envolé au départ de Gurumayi, quand les programmes ont pris fin.

En effet, le grand mérite de toutes ces pratiques spirituelles – chant, méditation, étude et service – est qu'elles transforment complètement notre vie, d'abord sur le plan intérieur, puis sur le plan social. C'est la touche finale. Nos illusions se dissipent, nos peurs et nos limitations disparaissent, notre nature véritable commence à se révéler. Le paradoxe, ici, comme nous disent les Siddhas, c'est que nous devenons celui que nous n'avons jamais cessé d'être. Finalement, tout ce long cheminement nous ramène simplement à notre point de départ. Ou, comme l'exprime T.S. Eliot :

Et tout ce long parcours s'achèvera le jour
Où nous regagnerons notre point de départ,
Reconnaissant l'endroit pour la première fois[6].

CHAPITRE 9

SATSANG : LA COMPAGNIE DE LA VÉRITÉ

Ce fut comme un torrent
pénétrant dans le lit asséché d'un étang.
Comme de la pluie
se déversant sur des plantes
n'ayant plus que leurs tiges.
Ce fut comme si
s'offraient à moi
à la fois les plaisirs de ce monde
et la voie de la libération.
Contemplant la face du Maître,
Ô Seigneur,
Je devins digne de lui.

                                        Akkamahadevi

S'il fallait n'en retenir qu'une chose, je dirais que le Siddha Yoga est la voie de l'amour. Il n'est pas donné à tout le monde de pouvoir servir le Guru directement, de pouvoir chanter pendant des heures ou d'obtenir des visions en méditation. Mais tout le monde doit ressentir l'amour en son cœur. Car sans cet amour – ce lien entre le Guru et le disciple –, les miracles du Siddha Yoga ne se produisent pas.

Cet amour engendre chez le disciple un irrésistible désir d'entrer en contact avec le Guru. Cette relation est la chose la plus merveilleuse et la plus édifiante du monde. Le sage Narada écrit dans ses *Bhakti Sutras* : « L'amour divin s'obtient esentiellement par la grâce d'un *mahāpurusha*, un grand être. Il n'est pas facile de faire une telle rencontre, mais si cela nous arrive, par la grâce de Dieu, nous en ressentirons aussitôt les bienfaits[1]. »

Quelle est la nature de ce contact ? Entrer en rapport avec un Guru ne signifie pas simplement être en sa présence physique ou recevoir son toucher. C'est quelque chose de beaucoup plus subtil. Pour moi, cela prit la forme du *Jeu de la Conscience*, ce livre que j'achetai un matin d'octobre, chez un libraire de la ville. D'autres entrent en contact avec le Guru par l'intermédiaire de sa photo ou de ses disciples. Certains le voient apparaître en rêve ou dans des visions avant même de le rencontrer sur le plan physique.

Mais une fois ce premier contact établi, chacun en arrive au même point : la rencontre avec le Guru en personne. Ce dernier se réjouit lui aussi de la compagnie des disciples.

LE SATSANG

Passer du temps en compagnie d'un grand être est ce qu'on appelle *satsang*, « cultiver la compagnie de la Vérité ». Le satsang est une pratique spirituelle dont tout le monde peut profiter. Certains ne rencontrent le Guru qu'une fois dans leur vie ; d'autres viennent le voir une fois par an, ou pendant les vacances, ou chaque fois qu'ils éprouvent le besoin de reprendre contact avec leur Soi intérieur. D'autres, comme moi-même, trouvent leur première rencontre si enivrante qu'ils reviennent le plus souvent possible. La fréquence de nos visites ne dépend que de nous. Les Écritures disent que les grands êtres sont comme des oasis verdoyantes dans le désert de l'existence. Ils sont à la disposition de tous : riches et pauvres, savants et ignorants, bons et méchants; tout le monde a le droit de venir se baigner dans leurs eaux et de s'abriter sous leur feuillage.

C'est pourquoi dans le Siddha Yoga, il n'y a pas de membres officiels, ni de droits à payer ou de vœux à prononcer. Il n'est besoin d'aucun diplôme, d'aucune qualification particulière; il n'y a aucune obligation d'adhérer à un credo particulier. Il ne faut pas se croire trop jeune ou trop vieux, trop pécheur ou trop indigne, pour recevoir la grâce. Comme le dit Gurumayi : « La grâce est amour; et tout le monde peut recevoir de l'amour, tout le monde sans exception. »

LES BÉNÉFICES DU SATSANG

On recherche la compagnie de la Vérité pour la même raison que toute autre compagnie : pour ce qu'elle nous apporte. Le satsang met à profit un principe psychologique fondamental : on devient ce sur quoi l'on médite. Si l'on fréquente des voleurs, il est bien possible que l'on devienne voleur. De même, si l'on fréquente ceux en qui brille la Vérité, on finit par *devenir* cette Vérité.

La façon dont s'opère cette transformation est un profond mystère. « Vous n'apprendrez pas la physique en vous asseyant auprès d'un physicien, dit Baba, ni la cuisine en vous asseyant auprès d'un chef cuisinier; mais si vous vous asseyez auprès d'un kundalini yogi, vous aurez une expérience de la Vérité. »

On peut même avoir cette expérience sans la rechercher! J'entendis un jour quelqu'un dire à

Gurumayi : « Je n'avais pas vraiment envie de rencontrer un Guru. Je suis venu simplement pour faire plaisir à un ami. Mais dès que je suis entré dans cette pièce, j'ai ressenti cet incroyable éveil. » Si une telle chose est possible, c'est parce que quelqu'un comme Gurumayi est ancré dans le Soi et que le Soi n'est pas un principe froid, inerte, mais un brasier ardent : « Un tel yogi, disent les Écritures, réchauffe le monde de son rayonnement. » Les *Shiva-Sutras* déclarent : *danam atmajnanam*, « la connaissance du Soi, voilà ce que nous apporte un tel yogi. »

Et, bien qu'il s'agisse d'un don surnaturel, c'est aussi la chose la plus naturelle du monde.

Un poète écrit :

> *De même qu'un homme éprouve le désir en enla-*
> *[çant une femme,*
> *Ou la peur quand l'attaque une bête sauvage,*
> *Ou la chaleur quand il se tient devant un feu,*
> *Ou la solitude dans un lieu désert et sauvage,*
> *De même éprouve-t-on tout naturellement*
> *En la compagnie d'un Siddha*
> *Une extase et une paix intenses* [2].

Tel est le miracle du satsang, la plus simple de toutes les techniques spirituelles. On n'a rien à faire, c'est comme pour bronzer : il suffit simplement de s'exposer au soleil. Mais le soleil ne se préoccupe pas du bronzage de chacun, et de même le Siddha n'a pas besoin de se consacrer personnellement à chaque individu. Par exemple, ceux qui se rendaient auprès de Bhagavan Nityananda s'apercevaient souvent qu'ils avaient reçu intérieurement réponse à leurs questions sans qu'il leur ait dit quoi que ce soit.

C'est pourquoi il n'est pas nécessaire d'avoir une

relation sociale avec le Guru. Il suffit d'être en sa présence. En trois ans, Baba m'adressa la parole exactement deux fois. Et pourtant il a transformé ma vie et m'a donné tout ce dont j'avais besoin.

Il arrive bien sûr que le Guru donne des instructions individuelles. La première fois qu'une de mes amies rencontra Baba, il lui prit la main et lui demanda d'un air enjoué si elle était heureuse. A cette époque, elle ne l'était pas, mais comme elle me le dit plus tard : « Il était si gentil, ce vieil homme, que je ne voulais pas le contrarier. Alors je lui ai répondu " Oui, Baba ", et je me suis assise. » Mais à peine venait-elle de s'asseoir qu'elle sentit quelque chose s'ouvrir en elle, et des vagues de béatitude se mirent à déferler dans son cœur. Charmant, ce vieil homme, en vérité! Elle comprit qu'il lui avait donné *l'expérience* de ce bonheur que jusqu'ici, avant de passer du temps avec lui, elle n'avait fait qu'entrevoir si brièvement.

Auprès de Gurumayi, mon expérience la plus étonnante fut celle de l'amour. Je passe parfois des heures à la regarder tandis qu'elle salue les milliers de personnes qui viennent la voir, répond à leurs questions, écoute leurs problèmes, regarde des photos de ceux qu'ils aiment, touche leurs bébés, et leur donne ses bénédictions.

L'autre jour, je vis s'approcher un groupe d'Indiennes d'Amérique. Ces femmes très âgées et la fillette qui les accompagnait embrassèrent Gurumayi à tour de rôle, d'un air sérieux et très digne, puis s'en allèrent lentement, marchant l'une derrière l'autre, le visage rayonnant. L'une de ces femmes me dit ensuite : « Quand nous étions jeunes, on nous disait qu'avant de mourir il nous faudrait rencontrer la fille du Grand Buffle Blanc. Nous sommes heureuses, parce qu'aujourd'hui nous l'avons rencontrée. »

C'est ce qu'il y a de merveilleux chez le Guru. Il est si pur et si lumineux qu'il joue le rôle d'un miroir dans lequel nous voyons le visage de notre propre Soi. Une religieuse catholique m'avoua qu'après avoir rencontré Gurumayi, elle commença à faire l'expérience intérieure de Jésus. Une dame de Delhi dit qu'en méditant avec Gurumayi, elle avait vu Krishna dansant avec les Gopis. Ainsi, le Guru est un parfait miroir.

L'ARBRE-À-SOUHAITS

Les Écritures comparent un grand être à un arbre-à-souhaits. Elles disent que sa présence exauce tous nos désirs légitimes. Toutefois, ce peut être une arme à double tranchant. Les gens demandaient souvent à Baba pourquoi ils n'obtenaient auprès de son Guru, Bhagawan Nityananda, cette réalisation que lui-même avait reçue. Baba répondait : « J'ai reçu la libération parce que c'était ce que je désirais. D'autres venaient voir mon Guru pour obtenir du travail, de l'argent, un mari ou des enfants. Et c'est précisément ce qu'ils obtenaient. »

C'est pourquoi il est important de venir auprès d'un tel être avec un cœur pur et des désirs purs. A lui qui peut tout accorder, pourquoi ne pas demander directement ce qu'il y a de plus élevé : l'amour de Dieu et la connaissance du Soi ?

Il y avait une fois un roi auquel un paysan sauva la vie. Il demanda à ce dernier quelle récompense il désirait. Le paysan, qui était à court de chaux pour la mélanger avec son bétel, demanda au roi un paquet de chaux. Le roi lui remit ce qu'il voulait, mais après son départ, il ne put cacher sa stupéfaction : « J'aurais donné à cet homme, dit-il en se tournant vers son Premier ministre, toute une mine de chaux, il aurait pu obtenir de moi une forêt entière de bétel. Je lui aurais donné mon royaume s'il l'avait demandé; mais il n'a rien trouvé de mieux à me demander qu'une poignée de poussière! »

LE PRASAD

Il arrive parfois qu'un saint distribue de la nourriture ou des cadeaux. C'est ce que l'on appelle un *prasad*, une manière traditionnelle de donner une bénédiction. « Le prasad met fin à tous les maux », disent les Écritures. Recevoir du prasad est une grande faveur et il faut bien savoir ce que cela représente : c'est la grâce du Guru sous forme d'un cadeau.

Bien sûr, le plus beau prasad que nous puissions recevoir du Guru, c'est shaktipat, puisqu'il contient tout. De même qu'à l'intérieur d'une graine minuscule peut se trouver un immense banian, la graine de grâce que le Guru plante dans le disciple par l'initiation shaktipat donne les fleurs du plus haut état de conscience et les fruits les plus délicieux.

L'INITIATION

Jadis, le Guru donnait Shaktipat à quelques disciples triés sur le volet, et seulement après de nombreuses années de mise à l'épreuve. Mais Swami Muktananda, sur l'ordre de son Guru, modifia cet état de choses. Il eut la compassion de mettre à la portée de tous le miracle de l'éveil de kundalini. Gurumayi poursuit son œuvre et donne régulièrement des sessions appelées intensives, au cours desquelles est donné Shaktipat.

Traditionnellement, le Guru peut donner Shaktipat de quatre manières : par le toucher, le regard, une parole ou une pensée. Dans le Siddha Yoga les quatre sont utilisées.

En premier lieu, le Guru peut *souhaiter* que vous receviez Shaktipat. C'est l'initiation par la pensée *(sankalpa)*. En ce cas, la présence physique du Guru n'est même pas indispensable. Un Siddha Guru peut, par une simple pensée, éveiller la kundalini de quelqu'un n'importe où dans le monde. Ainsi Gurumayi, depuis son ashram de l'Inde, peut donner Shaktipat, par exemple, à un groupe de Parisiens.

Le toucher est la deuxième des méthodes classiques utilisées pour donner Shaktipat. Au cours de certaines sessions intensives, tandis que tout le monde médite, Gurumayi passe dans la salle et touche les gens avec la main ou un plumeau de plumes de paon. Un jour, au cours d'une séance qui se déroulait à La Nouvelle-Orléans, Gurumayi me toucha au bas de la colonne vertébrale. Je sentis la Shakti s'élever le long de mon épine dorsale et entrai aussitôt dans un profond état de méditation. Je vis apparaître des lumières éclatantes et entendis la douce et étrange musique d'un harmonica.

De tels prodiges sont possibles parce que le Guru est un vaste réservoir de Shakti, dont le simple contact allume notre propre lumière intérieure. En fait, même un contact « accidentel » avec un être tel que lui peut provoquer cet éveil, comme ce fut le cas pour Kabir.

La parole du Guru constitue le troisième moyen de donner l'initiation Shaktipat. La parole du

Guru, c'est en général le mantra, qui est susceptible de nous révéler notre propre Soi.

Enfin, Shaktipat se donne aussi par le regard. Un seul regard d'un Siddha peut vous donner l'éveil intérieur. Le Guru de Baba, Bhagawan Nityananda, lui donna Shaktipat de cette façon. En fait, on peut recevoir Shaktipat simplement en regardant la photo de Baba ou de Gurumayi, comme peuvent en témoigner des milliers de gens.

Certains reçoivent l'initiation en rêve, à un programme du soir ou même au contact de quelqu'un que le Guru a touché.

LA BONNE COMPAGNIE

Le but du yoga, c'est de nous transformer; et cette transformation s'obtient par la contemplation de la suprême Réalité. Pour cela, il est indispensable de fréquenter d'autres aspirants, car de même que les hommes d'affaires se réunissent pour parler affaires et les artistes pour évoquer leur art, de même, en compagnie des saints ou des sages et de leurs disciples, l'esprit et les pensées se tournent tout naturellement vers la Vérité.

Mais la bonne compagnie n'est pas seulement celle d'autres personnages. Notre nourriture, nos habitudes, nos pensées, sont tout aussi importantes que nos fréquentations et constituent un ingrédient de choix dans la pratique spirituelle.

Il n'est toutefois pas nécessaire d'être constamment en la présence physique du Guru. Dans le Siddha Yoga on médite sur son propre Soi.

Certes, les Écritures mettent l'accent sur « l'abandon au Guru », mais il faut bien comprendre le sens de cet « abandon ». « Il ne s'agit pas, dit Baba, de l'obligation de demeurer auprès de lui, de lui remettre tout votre argent ou de quitter votre famille et votre travail pour le suivre dans tous ses déplacements. Il ne s'agit pas non plus de se faire tout petit et misérable avec l'espoir d'être pris en charge. Se donner au Guru veut dire s'imprégner de ses instructions... Le Guru ne vous donne pas ses directives dans le but de vous exploiter, mais de transformer votre vie... C'est le mystère de l'état de disciple. Grâce au Guru on peut tout obtenir... En s'abandonnant au Guru, on devient soi-même le Guru[3]. »

L'ABANDON AU GURU

L'abandon au Guru : tel est le secret du Siddha Yoga. Sans cet abandon, jamais nous n'atteindrons ce que nous propose cette voie. Ce qu'il s'agit d'abandonner, c'est notre *ego*, cette partie de nous-mêmes qui nous limite et nous abaisse. Cela est comparable à une goutte d'eau tombant dans l'océan ou une graine dans la terre. Au moment où elle disparaît, la goutte devient l'océan; au moment où elle s'abandonne, la graine devient un arbre. Les graines qui restent graines finissent par se dessécher et sont emportées par le vent. De même, tout ce que nous perdons en nous abandonnant, c'est notre petitesse et nos limitations. Et pourtant, cet abandon peut se révéler terrifiant pour l'*ego*, qui le refuse de toutes ses forces et déploie toutes ses ruses pour y échapper. Pour ma part, ce fut à la fois l'étape la plus importante et la plus dure de ma sadhana, de ma vie spirituelle. Mais les mystiques de toutes les grandes traditions le disent bien : il faut abandonner notre vie à cette énergie divine qui habite le maître.

Avec un Guru, vivre ce jeu de l'abandon prend

un sens nouveau, une intensité nouvelle. C'est facile de dire que vous avez donné votre vie à Dieu tandis que vous ne changez rien à vos petites habitudes. Mais le Guru nous met continuellement à l'épreuve pour voir si notre abandon est authentique.

Quelqu'un interrogea un jour Kabir au sujet de l'abandon. Kabir, qui était tisserand, poursuivit d'abord son travail sans répondre. A un certain moment, il fit tomber sa navette. Il faisait grand jour, et cependant il dit à un disciple d'allumer une lanterne et de chercher la navette. L'homme fit ce qu'il demandait et, après avoir ramassé la navette, Kabir reprit son travail. Celui qui l'avait interrogé, croyant qu'il ne l'avait pas entendu, répéta sa question. De nouveau, Kabir ne dit rien. Quelques instants plus tard, il se tourna vers son disciple et lui dit : « Donne à cet homme un morceau de halva. Et surtout, sale-le copieusement. » Le disciple obéit à la lettre, mais l'homme s'aperçut à sa grande stupéfaction, qu'en dépit de tout ce sel, la pâtisserie était délicieuse et parfaitement sucrée. « Dis, Kabir, pourquoi ne veux-tu pas me répondre ? insista-t-il.

– J'ai répondu à deux reprises, fit Kabir. N'as-tu pas entendu ? J'ai laissé tomber ma navette et j'ai demandé à ce garçon d'allumer une lampe pour la retrouver. Il est midi. Quel besoin d'avoir une lanterne ? Et pourtant, il ne m'a pas rétorqué : " Kabir, qu'est-ce qui ne va pas ? As-tu perdu la tête ? " Puis je lui ai demandé de te donner du halva en y ajoutant du sel. Tout le monde sait que l'on met du sucre et non du sel dans le halva. Et pourtant, il ne s'est pas écrié : " Kabir, tu te fais vieux ! Tu ne sais plus ce que tu dis ! " Il a fait exactement ce que je lui demandais. C'est cela l'abandon au Guru. »

Ne pensez pas que cette histoire ait perdu quoi que ce soit de son actualité. Les épreuves données par les maîtres sont toujours les mêmes, quelle que soit l'époque; ce qui était valable voilà un millénaire l'est encore de nos jours.

Je fus un jour réveillé à New York à trois heures du matin par un coup de fil me disant que Gurumayi désirait que je prenne le prochain vol pour Hawaï. On me dit qu'il y avait un avion qui quittait l'aéroport de La Guardia une heure et demie plus tard.

J'étais, bien sûr, encore à moitié endormi; j'avais du travail, des rendez-vous pour le lendemain, et une semaine chargée. Mais j'ai dit oui, ai pris ma valise et suis parti sur-le-champ; je ne savais pas pour combien de temps ni ce que j'allais faire. Mais je savais qu'en obéissant au Guru, tout se passerait bien. En arrivant, je téléphonai à ma secrétaire; elle m'apprit que tous mes clients s'étaient décommandés pour la semaine. Je poussai un « aloha » et passai une dizaine de jours merveilleux au service de Gurumayi.

Je n'ai jamais rien perdu en obéissant au Guru. Et si j'ai eu des moments difficiles, c'est uniquement à cause de mon *ego* et de mes résistances. Gurumayi me dit un jour d'écrire quelque chose que je croyais faux. Au lieu de m'en remettre à sa sagesse et d'obéir, je me fis tout un cinéma, me retranchant derrière mon « intégrité de journaliste »; puis je finis par céder. Deux ans plus tard, quand cet article fut publié, ce que j'avais écrit s'était révélé vrai dans les années qui suivirent. Mon interprétation ne pouvait pas être exacte, bien que j'aie été absolument convaincu d'avoir raison à l'époque.

L'abandon est donc une ouverture du cœur, la volonté de laisser la sagesse supérieure de l'amour divin entrer dans notre vie. C'est donner à l'*ego* un strapontin, le mettre au service d'une puissance supérieure. Cet acte d'abandon est fait d'amour et de foi, de progrès intérieur et d'abnégation. Jésus dit : « Voyez, je me tiens à la porte et je frappe. Si quelqu'un m'entend et m'ouvre la porte, il soupera avec moi et moi avec lui. » Le principe du Guru se tient en permanence à notre porte. Il attend son heure, de toute éternité. L'abandon consiste à l'entendre frapper, à lui ouvrir la porte et l'inviter à entrer.

LE CŒUR HUMAIN

Un jour un jeune garçon quitta sa maison pour se rendre à La Mecque à la recherche de Dieu. En cours de route, il rencontra un grand derviche qui lui demanda où il allait. L'enfant le lui expliqua. « C'est bien loin, La Mecque, mon petit, dit le derviche. Écoute, marche trois fois autour de moi. » L'enfant obéit et sentit immédiatement la présence de Dieu dans son cœur. « Ecoute-moi bien, dit alors le derviche. Jamais Dieu n'a vécu à La Mecque depuis qu'elle existe. Jamais Dieu n'a quitté le cœur de l'homme depuis qu'il existe. A présent, rentre donc chez toi. »

Si Dieu vivait réellement dans les temples et les mosquées, nous n'aurions pas besoin des amoureux de la Vérité. Mais comme le dit Kabir : « J'ai regardé dans la mosquée et dans le temple. Mais tous deux étaient vides. » La véritable église est le corps humain, et la cathédrale est le cœur du saint.

C'est pourquoi les Siddhas disent qu'il faut cultiver la compagnie des grands êtres et de leurs disciples. Ou, comme le disait Baba : « Certes, il existe beaucoup de belles pratiques conduisant vers Dieu, mais la plus sublime de toutes, c'est le satsang. Il comble nos désirs, il nous apprend à méditer constamment sur le Soi suprême, si bien que toute autre pratique devient superflue. La libération vient chercher celui dont la foi dans le satsang augmente. »

Avec une étrange simplicité, mn texte nous dit : « Quand vous avez fait la connaissance d'un être parfait qui est parvenu à la Vérité, faites de lui votre ami. »

CHAPITRE 10

LE SIDDHA YOGA DANS LE MONDE :
VICTOIRE ET RETOUR

La joie du monde,
C'est la béatitude du samadhi.

Shiva-Sutras

La rédaction de ce livre fut une période de ma vie très heureuse, très disciplinée. Je me levais chaque jour à quatre heures du matin, faisais ma toilette, allumais une bougie puis m'asseyais dans un coin de ma chambre et méditais sur le Soi. Mon appartement était petit et n'était pas situé dans les beaux quartiers. Mais que d'expériences y ai-je vécues! Je vis des dieux et des déesses! Je voyageai dans d'autres mondes! Il m'arrivait d'entendre de merveilleuses mélodies ou de voir apparaître d'éclatantes lumières spirituelles.

Après la méditation, je m'allongeais quelques instants et, au cours de cet interlude de l'aube naissante, je faisais des rêves où je voyais parfois Baba, Gurumayi ou d'autres Siddhas.

A six heures, je me levais de nouveau, prenais un café avec une biscotte beurrée. Puis je m'habillais et sortais.

Le trajet en autobus était toujours agréable. Il y avait peu de circulation et beaucoup de pigeons. Je descendais au coin de la 86e Rue et de Broadway, marchais jusqu'à l'ashram et chantais la Guru Gîtâ. A la fin, nous chantions le merveilleux kirtan *Shri Krishna Govinda Hare Murare*. Le chant, l'harmonium et les percussions, l'encens et les bougies, le soleil qui se levait représentaient comme un élixir de vie qui se répandait en moi.

Une fois le chant terminé, je rentrais chez moi en traversant le parc de Riverside, accomplissant la plus grande partie de ces cinq kilomètres en courant le long de la rivière. Je contournais le tombeau de Grant, puis filais tout droit jusqu'à mon domicile, montant au galop mes sept étages. Je prenais une douche, me changeais et, à 9 h 15, j'étais prêt à travailler.

La journée commençait à peine, mais j'avais déjà fait trois heures et demie de chant, d'exercices et de méditation; mon corps était tout vibrant de prana et mon esprit était calme et serein. Alors, je prenais carnet de notes et stylo et marchais jusqu'à la cathédrale St. Jean, à quelque distance de chez moi. Si le temps était beau, je m'asseyais au soleil sur un banc de pierre dans le Jardin biblique. Il y avait là quelques paons apprivoisés que j'appelais Shiva et Shakti; parfois, ils dansaient devant moi, leurs queues en éventail.

Si le temps était frais ou pluvieux, je traversais l'avenue d'Amsterdam et allais m'installer à la pâtisserie hongroise. Je prenais un café au lait dans lequel je trempais un croissant avec du miel; puis j'ouvrais mon carnet et me mettais au travail.

A cette époque, je travaillais aussi sur un roman intitulé *Un lit en enfer*, et la façon dont je l'écrivais me stupéfiait. J'étais jusqu'ici un écrivain méticuleux, composant avec lenteur; mais voici qu'à présent les mots jaillissaient de moi plus vite que je ne pouvais les écrire. C'était comme si j'étais à l'écoute d'une conversation intérieure; et quand je révisais le texte, bien plus qu'un travail de ré-écriture, je me remettais à l'écoute de cette conversation pour vérifier si je l'avais transcrite correctement.

Mais les propos tenus par ces personnages me paraissaient effarants. J'avais pourtant l'intention d'écrire un roman « spirituel », mais mes personnages ne l'entendaient pas de cette oreille; ils n'avaient vraiment rien de spirituel! Médecins et prostituées, dictateurs et révolutionnaires sud-américains, héros et tortionnaires, voyous et saints dansaient en une folle sarabande. Je passais certaines matinées en compagnie de mes généraux, fomentant quelque coup d'Etat dans leur pays bien-aimé. Que de discours passionnés, que de tirades fulgurantes me traversaient l'esprit, quelle ardeur martiale me remuait le sang! J'écrivais sur des sujets dont j'ignorais tout. Je composai un chapitre entier sur la guérilla, bien que n'ayant jamais fait la guerre en cette vie. Cela finit par m'inquiéter sérieusement. Je songeai : tout ceci ne vaut rien; c'est de la pure invention. Aussi me procurai-je l'*Art de la guerre* de Sun Tse, le plus ancien traité sur la guerre écrit en Chine vers 400 avant J.-C. Quand j'en terminai la lecture, je fus encore plus effaré, parce que tout ce que j'avais écrit était parfaitement exact. Mais une question m'obsédait : Pourquoi écrire sur la guerre dans le monde alors que j'éprouvais une immense paix intérieure?

Aussi écrivis-je à Baba pour le mettre au courant de la situation. Il me répondit immédiatement : « Quand on a reçu Shaktipat, toute la vie devient un yoga. Écrire en fait aussi partie. C'est très bien, la Shakti accomplit parfaitement son travail. Elle

utilise ce moyen pour élargir ton horizon et approfondir ton expérience. »

Ces paroles du maître bouleversèrent instantanément ma façon de voir. Car je compris que ma
distinction entre le spirituel et le mondain était
purement artificielle.

NOTRE MÈRE LA TERRE

L'un des plus grands romans d'aventures
archéologiques des temps modernes fut écrit par
l'archéologue anglais Michael Dames dans ses
deux ouvrages *Le cycle d'Avebury* et *Le trésor de
Silbury*.

Dames avait toujours été fasciné par les dolmens
néolithiques et les tumulus dont sont parsemées
les îles britanniques, l'ensemble mégalithique de
Stonehenge en étant le plus vaste et le plus célèbre.
Il passa des années à explorer les divers tumulus,
essayant d'en percer le secret. Et un jour, dans un
éclair de génie, il vit que ces tumulus et ces cercles
de pierres de cette région d'Angleterre n'étaient
pas des formations isolées mais constituaient un
tout. Si on les reliait par des lignes, comme les
enfants quand ils jouent à relier les points d'une
image, on obtenait une gigantesque représentation
de la Mère Divine, une sculpture-paysage de plus
de quinze kilomètres de long. Ce paysage faisait
apparaître les seins, le dos, le ventre et les bras de
la déesse, qu'évoquent d'ailleurs les noms de ces
lieux. Pour ce peuple ancien, la terre était réellement le corps de Dieu.

L'expansion du christianisme en Europe fit
oublier cette conception druidique. Mais elle est
toujours en vigueur en Orient et forme une partie
essentielle du yoga[1]. Pour les Siddhas, la terre, la

Mère, est une entité vivante. Comme le dit Baba :
« Le Seigneur de l'univers est devenu l'univers. »

Selon cette conception, tout est divin et susceptible, par conséquent, de nous rapprocher du Soi.
S'appuyant sur ce point de vue, les Siddhas enseignent que notre vie sur la terre, notre travail, nos
devoirs et notre famille ne sont pas des obstacles,
mais des moyens permettant de parvenir jusqu'à
Dieu.

THÉORIE DE L'ESTHÉTIQUE

Mais comment faire, comment transcender le
monde en se servant de lui? Peu après avoir reçu
cette lettre de Baba, je découvris une théorie de
l'esthétique formulée par le Siddha du Cachemire,
Abhinavagupta[2]. Ce texte millénaire confirmait ce
que Baba m'avait écrit, en explicitant davantage
comment les choses de la vie ordinaire pouvaient
conduire au sublime. Selon Abhinavagupta, une
œuvre d'art se compose de divers *rasas* (ou
saveurs), mélangés dans de savantes et sublimes
proportions. Abhinavagupta dénombrait huit saveurs principales : l'érotique, le comique, l'héroï-
que, le merveilleux, l'exécrable, le monstrueux, le
violent et le pathétique. Une œuvre d'art qui ne
possède qu'une ou deux saveurs finit par sembler
fade, comme une bande dessinée, ou un plat qui ne
contiendrait que du sel ou du sucre. La bonne
cuisine, comme le grand art, associe un grand
nombre de saveurs raffinées. Toutefois, pour
qu'une œuvre d'art soit une véritable réussite, il
faut qu'elle aboutisse à une saveur ultime appelée
shantarasa, la saveur de paix.

C'est ce aah! que nous éprouvons, ce choc de
la reconnaissance, ce moment d'exaltation et de

bonheur intense où tout s'arrête, quand une œuvre d'art a pleinement joué son rôle. James Joyce, dans *Portrait de jeunesse de l'artiste*, y voit le moment où « l'esprit s'est immobilisé, soulevé au-delà du désir et du dégoût[3]. » Cette définition de l'art selon Joyce est particulièrement intéressante car elle combine deux des plus célèbres sutras de Patañjali : « Le yoga consiste à immobiliser les pensées qui agitent l'esprit », et : « Méditez sur un être qui a transcendé attachement et aversion[4]. »

Cet état de silence mental, où n'existe plus ni attachement (désir) ni aversion (dégoût), est le but de tout art et de tout yoga dignes de ces noms. Cet état est le même chez les Orientaux et les Occidentaux, il est fait d'équilibre mental, d'amour et de détachement. Ou, comme le dit Abhinavagupta : « Etre profondément sensible à la littérature et comprendre son propre Soi est une seule et même chose. »

L'ART DE VIVRE

Dans la vie spirituelle comme en art, il ne s'agit pas de créer une vie fade, sans épices, sans saveur. Ce n'est pas parce que l'on se met à méditer que tout le monde va soudain s'adresser à nous sur un ton aimable et respectueux ou que nous allons nous promener en longues robes flottantes. Ce qui se passe, c'est qu'à partir des divers éléments de notre vie – même le monstrueux et le violent –, nous commençons à extraire cette douceur, ce râsa, cette saveur de paix. Sans cette paix au cœur de notre être, aucune des autres saveurs de la vie ne peut nous satisfaire.

Ainsi donc, personne, au nom de la spiritualité, n'est tenu d'abandonner ses devoirs dans le monde afin de découvrir le Soi. En fait, les Siddhas nous demandent d'assumer nos responsabilités dans le monde avec zèle, avec flamme, avec courage et compétence. Peu de saints de la tradition Siddha étaient uniquement des saints. Beaucoup étaient aussi tailleurs, poètes, danseurs, fermiers, soldats, et même esclaves, et réalisèrent Dieu au milieu de leurs occupations quotidiennes.

Ces responsabilités constituent ce que l'on appelle notre *dharma*, notre devoir. Prier Dieu au point d'oublier de nourrir notre bébé, ce n'est plus prier. Quelqu'un dit un jour à Baba : « Baba, par la grâce de Dieu, cela fait vingt ans que je ne travaille plus. – Ayez pitié de Dieu, dit Baba; trouvez-vous du travail ! »

Si vous êtes médecin, soyez un bon médecin. Si vous êtes mère de famille, soyez la meilleure mère de famille du monde. Bien sûr, cela n'est pas toujours facile. La vie nous met toutes sortes de bâtons dans les roues. C'est pourquoi Gurumayi dit souvent que nous devons nous conduire comme des guerriers. Cela ne veut pas dire être cruel, mais vigilant et courageux. Il faut accomplir notre dharma avec enthousiasme et courage. Un philosophe romain a dit : « Les choses les plus simples deviennent difficiles quand on les accomplit à contrecœur. » Vivre de cette façon exige une certaine dose de courage, une indifférence vis-à-vis des couples d'opposés : chaleur et froid, plaisir et douleur, louange et blâme. Mais quoi d'étonnant ? Un grand être écrit :

Si l'on a bâti sa maison en pleine nature,
Est-il concevable d'avoir peur des animaux ?
Si l'on a bâti sa maison au bord de la mer,
Est-il concevable d'avoir peur des vagues ?
Si l'on est venu habiter la ville,
A-t-on le droit de se plaindre du bruit ?
Ecoutez-moi, mes chers amis.
Quand on est né dans ce monde,
Il ne faut pas se laisser perturber
Par la louange ou par le blâme,
Mais conserver son cœur en parfait équilibre [5].

C'est cela le yoga, être établi dans la sagesse. Les problèmes naissent et disparaissent. N'y prêtez pas attention. Pensez au Guru, ayez foi en Dieu. Lui, qui vous a conduit jusqu'ici, ne va certainement pas vous abandonner en cours de route.

LE RENONCEMENT

Alors, que faut-il penser du renoncement ? C'est un fait que toutes les Écritures sont unanimes à affirmer qu'il faut renoncer au monde. Mais qu'entendent-elles exactement par renoncement ?

Baba avait l'habitude de taquiner les aspirants qui lui faisaient part de leur désir de quitter le monde. « Quitter le monde ! s'exclamait-il d'un air choqué. Et où voulez-vous aller ? Sur la lune ? »

Les Siddhas nous obligent à interpréter les vérités spirituelles d'une manière plus subtile et plus profonde. Renoncer, répètent-ils, ne veut pas dire abandonner ses devoirs, son argent, sa famille ou son foyer. S'il suffisait d'être pauvre et oisif pour devenir un saint, alors tous les miséreux seraient des saints.

Le véritable renoncement est un état intérieur, une attitude de non-attachement et d'abandon à la volonté divine. C'est être *dans* le monde, mais non *du* monde. Tant que nous croyons être ce corps, et le « possesseur » de cette maison, de cette famille, de cet argent, nous nous offrons « en otage » et allons au-devant des souffrances.

LE KARMA YOGA

Pour éviter cette souffrance, les textes yoguiques nous incitent à accomplir tous nos devoirs du mieux possible, mais dans une attitude de non-attachement. Ne confondez pas un tel détachement avec l'insouciance ou la froideur. En fait, c'est ce détachement qui nous permet d'agir au mieux. C'est pour cette raison qu'un chirurgien, par exemple, n'a pas le droit d'opérer les membres de sa famille. Si son affectivité entre en jeu, il sera incapable de donner la moindre incision. De même, dit le yoga, c'est notre attachement à la vie qui nous empêche de la vivre aussi bien et aussi heureusement que nous le devrions.

Quand nous abandonnons cet attachement en accomplissant notre devoir, notre vie s'épanouit naturellement.

L'ABANDON À DIEU

Il y avait une fois un roi qui se sentait écrasé sous le fardeau de ses responsabilités. Il n'avait qu'une envie : renoncer au trône et mener une vie simple, au service de Dieu et de son Guru. Il s'en alla voir ce dernier et lui fit part de son désir.

Après quelques instants de réflexion, le Guru lui

dit : « C'est bien. Je vais te soulager de ton fardeau. Donne-moi ton royaume.

– Avec plaisir, dit le roi; il est à toi.

– L'ennui, dit le Guru après un nouveau temps de réflexion, c'est que je suis Guru. J'enseigne la méditation et l'amour de Dieu, et j'aide les aspirants à accomplir le voyage intérieur. Je n'ai pas le temps d'administrer un grand royaume. C'est pourquoi, en guise de seva, je te demande de le diriger à ma place. Retourne dans ton palais et reprends ta charge. Mais souviens-toi, Maharaja, à présent ce royaume ne t'appartient plus. »

Le roi fit exactement ce qui lui était demandé. Il reprit la même vie qu'auparavant, mais il s'aperçut qu'on lui avait ôté son fardeau. De même que le comptable d'un homme riche ne se lamente pas quand son client perd de l'argent, ni ne se réjouit quand celui-ci fait fortune, puisque pour lui cela ne change rien, de même le roi gouverna son pays l'esprit tranquille et le cœur en paix.

Baba écrit à propos de ce roi :

Après avoir reçu la grâce du Guru et compris que l'univers était imprégné de Dieu, le roi vit que son trône, ses sujets, sa femme et ses amis faisaient partie du jeu de la Conscience, qu'ils étaient emplis de félicité et lui permettaient de connaître le bonheur. Toutes ces choses qui lui paraissaient autrefois si pénibles le transportaient de joie. Il accepta la charge que le destin lui donnait et continua de diriger son royaume. Il voyait Jagadish, le Seigneur de l'Univers, dans les rayons du soleil, les cimes montagneuses, les cours d'eau, les vagues de l'océan, les pluies diluviennes de la mousson, les nuages parcourus d'éclairs, les champs couverts d'un tapis jaune, vert ou bleu, et dans l'espace infini des cieux. Il percevait les pulsations de Chiti, la Conscience, dans les sensations de faim et de soif, dans l'espoir et le désespoir, dans la proximité et l'éloignement, la justice et l'injustice, la convoitise et le contentement, la colère et l'agitation. Tout en percevant des différences dans le monde autour de lui, il vivait intérieurement dans l'état non différencié. Il avait pleinement réalisé la Vérité. Il voyait la lumière du Soi dans ses carrosses, ses bijoux, sa nourriture, sa boisson, en Dieu, en l'homme et chez le sage, dans le bois et la pierre. Il voyait la présence de Dieu dans tous les noms, toutes les formes et qualités, tous les principes de l'univers animé et inanimé[6].

LE SAMADHI NATUREL

C'est l'étape ultime du voyage spirituel. Le héros, ayant vaincu le dragon et sauvé la jeune fille, rentre chez lui avec son trophée. Le dragon, c'est bien sûr notre personnage limité, avec ses instincts brutaux et sa nature épaisse; et la jeune fille que nous devons secourir et épouser, c'est notre véritable Soi intérieur. Etant devenu celui que nous avions toujours été, ayant découvert ce qui n'avait jamais été perdu, nous regagnons le monde et reprenons les rênes de notre vie. Mais à présent tout est changé.

Dans la voie des Siddhas, cet état ultime est appelé *sahaja samadhi*, l'état naturel. C'est l'état d'un Siddha, d'un être libéré. « Un tel être, écrit Baba, n'a pas à se retirer dans une caverne ou une épaisse forêt. Il n'a pas besoin de fermer les yeux ou de suspendre sa respiration pour entrer dans un samādhi inerte. Il est toujours dans le samādhi naturel, tandis qu'il mange, dort, s'éveille, joue, parle, se baigne, jouit des plaisirs des sens et médite. Il vit en permanence dans la joie spontanée. »

Tel est le prodige de l'aventure suprême. Quand l'aventure est terminée, le héros retourne dans le monde extérieur avec son trophée. Mais là aussi il y a un mystère. Pour trouver votre Soi, vous devez perdre votre soi limité. Pour posséder le monde, il nous faut tout lâcher, ne plus rien posséder; il nous faut renoncer à l'orgueil lié à notre classe sociale et à notre corps, renoncer à notre attachement à cette vie. Gurumayi conclut :

Quand vous vous libérez de tout et de tout le monde, des lieux, du temps, des instants, des années, des planètes et des étoiles, vous sentez cet incroyable flot de félicité vous envahir. Et puis vous entrez dans un autre monde, plus vaste, un monde de lumière, un monde où l'on comprend tout. Il est en vous. On a l'impression d'avoir quitté son corps, mais en fait il n'en est rien. Et quand vous faites cette expérience, vous vous apercevez que le corps n'est pas une barrière ou un obstacle. En lui, il y a du miel et des pièces d'or. En lui se trouve un rubis. Kabir parle de son bien-aimé comme d'un splendide joyau, scintillant de mille feux. Ce rubis est la forme du Soi intérieur. C'est pourquoi l'on dit que la richesse est intérieure. En nous détachant de tout et de tous, nous entrons en contact avec notre propre Soi, et avec le Soi intérieur de chacun et de toute chose. C'est ce qui s'appelle l'amour. C'est pour le connaître que l'on médite. C'est le but de la vie : goûter cette merveilleuse vie intérieure. S'enfoncer dans les profondeurs de notre être, s'élever dans les espaces infinis, découvrir sans cesse de nouveaux trésors : quelle aventure ! Tantôt on découvre un immense amour ou une immense félicité, tantôt un profond chagrin ou une intolérable douleur. Quoi qu'il en soit, il s'agit toujours du jeu de la Conscience. En devenant conscient de cet incroyable jeu intérieur, on se libère entièrement. Alors, faire voyager son corps est un véritable plaisir, promener son esprit est un épanouissement. La vie cesse d'être un fardeau, et l'on ne représente plus soi-même un fardeau pour la terre. Celle-ci se réjouit de votre présence et vous vous réjouissez de son existence. C'est pour connaître cette félicité, cet amour permanent, que nous nous intériorisons, toujours plus profondément, toujours plus loin. En nous détachant de tout ce qui constitue l'existence, nous entrons en contact avec le cœur de chaque cellule, de chaque grain de poussière, avec cet univers entier. Et quand nous vivons dans cet état d'unité, notre cœur vibre d'un amour d'une intensité inouïe. Telle est l'expérience ultime[8].

ÉPILOGUE

Tard dans une nuit fraîche de septembre, alors que Gurumayi s'apprêtait à quitter l'ashram de South Fallsburg pour regagner l'Inde, je me retrouvai assis à ses pieds dans une cour extérieure. Devant nous ronflait un grand feu dont les flammes faisaient danser et scintiller la cour comme si elle était vivante. Dans ces flammes, Gurumayi versait de l'huile, du ghî, du sucre, du miel et des plantes, semblant nourrir quelque enfant vorace. Quand le feu fut bien pris et assagi, on y jeta plusieurs énormes sacs postaux remplis de milliers de lettres, la correspondance de Gurumayi à laquelle elle avait répondu durant son séjour de deux mois.

Tandis que les lettres brûlaient, enluminées d'or et de noir, elle rejeta la tête en arrière et murmura, perdue dans l'extase : « Tout est amour! »

Un peu plus tard elle parla de ce feu en l'appelant *mahapuja*, la grande Adoration, et à cet instant je vis l'univers se refléter dans son regard. Ce qui pour moi n'était qu'un feu de joie, semblable à ces feux de camp où je faisais griller des guimauves, était pour elle un saint sacrifice, une présence divine, l'adoration de Dieu. Par le pouvoir de sa réalisation, les briques, l'herbe et le mortier, dans cette nuit des Catskills, s'étaient transmutés en Conscience, le monde s'était animé; cette fumée elle-même, qui montait d'un feu de joie où brûlaient, à minuit, toutes ces lettres, était imprégnée d'une tendresse et d'un amour incroyables.

Quelques jours plus tard, Patti et moi quittions notre appartement de Manhattan pour emménager à la campagne. Quand toutes les caisses furent prêtes, nous les sortîmes jusqu'à l'ascenseur. Puis je retournai jeter un dernier coup d'œil. Quand je fus dans l'appartement, la porte se referma violemment derrière moi. Si je n'avais pas pris la précaution de fermer toutes les fenêtres, j'aurais tout de suite pensé qu'un courant d'air l'avait fait claquer. J'essayai vainement de l'ouvrir : elle était coincée. Je tordis la poignée, mais la porte ne s'ouvrait toujours pas. Je me penchai et regardai dans l'interstice. Alors je vis de quoi il s'agissait : une vis était sortie du montant de la porte et l'empêchait de s'ouvrir.

J'essayai de la forcer, mais rien à faire. Je commençai à m'énerver et me mis à taper sur la porte tandis que Patti tapait de l'autre côté. L'ascenseur était arrivé et, alors que je ne pouvais toujours pas sortir, elle me dit qu'elle allait demander l'aide d'un gardien. Soudain, je pensai au mantra. Je dis *Om Namah Shivaya*, fis une nouvelle tentative, et cette fois la porte s'ouvrit immédiatement.

A ce moment le gardien arriva. Il me regarda en riant et dit : « Votre appartement vous aime tant qu'il ne veut pas vous laisser partir. » Puis il répéta sa phrase : « Votre appartement vous aime tant qu'il ne veut pas vous laisser partir. » Et, comme si je ne l'avais pas encore entendu, il dit pour la troisième fois : « Votre appartement vous aime tant qu'il ne veut pas vous laisser partir ! » A ce moment, je sus qu'il disait vrai.

Nous étions en train de quitter cet appartement

sans même un adieu. Et pourtant nous y avions fait tant de sadhana, tant de chant et de méditation que les briques et le plâtre s'étaient transfigurés : ils étaient devenus vivants, imprégnés de Conscience. En cet instant, je réalisai que cet appartement, tout comme le feu que j'avais vu dans la cour de Gurumayi, était une entité vivante, un lieu saint, et qu'on ne pouvait pas se permettre de l'insulter ou de l'ignorer.

Ainsi donc, j'y retournai pour lui demander pardon. Je le remerciai de nous avoir protégés de la pluie, de nous avoir permis d'étudier les Écritures et d'adorer le Soi, je le remerciai pour toutes les visions que j'y avais eues, toute la joie que j'y avais éprouvée, pour m'avoir permis d'écrire sans que le vent fasse envoler mes pages. Je ne m'adressais pas aux cloisons ou aux lambris, mais à cette Conscience qui vit en chaque chose et qui est la source de toute chose. Puis, m'inclinant respectueusement, je fermai la porte à clé et m'en allai.

Tandis que nous roulions vers le nord, ce soir-là, dans le crépuscule automnal, le paysage semblait vibrer, scintiller d'une lumière surnaturelle. Pendant un instant, alors que je le contemplais, je cessai d'être aveuglé et sentis réellement qu'une Conscience unique habitait toutes les formes. C'était comme si le portail de quelque château enchanté, qu'un charme maintenait fermé depuis des siècles, venait enfin de s'ouvrir, pendant que tout reprenait vie.

Les citations de Baba et de Gurumayi dont les références n'apparaissent pas en bas de page sont extraites de leurs discours et ont été transcrites soit par l'auteur soit par d'autres personnes. Pour ce qui concerne les citations scripturaires, je me suis toujours efforcé d'en donner une source, à défaut du chapitre ou du verset concerné; celles dont les sources ne sont pas mentionnées ont néanmoins été utilisées par Swami Muktananda ou Gurumayi Chidvilasananda.

LA VOIE DES SIDDHAS : une introduction

1. « Nana margaistu dushprayam/kaivalyam paramam padam/siddhi margena labhate/nanyatha padma sambhava » (*Yogashikha Upanishad*, I. 1-3)

Première partie : LA VISION DU YOGA

1. Robert Bly, *Kabir, Try to live to see This!*, p. 1 (Denver, The Ally Press, 1976)
2. *Chhandogya Upanishad*, VIII.1.6 et VIII.5.3 (trad. Swami Prabhavananda et Frederick Manchester, *The Upanishads, Breath of the Eternal* pp. 74 et 76, (Hollywood, CA : Vedanta Press, 1978)
3. Kabir, traduit par l'auteur. Voir également Rabindranath Tagore, trad., *Songs of Kabir* (New York : Samuel Weiser, 1977)
4. Swami Muktananda, *Mukteshwari*, p. 16 (Oakland : SYDA Foundation, 1980)
5. Swami Muktananda, *Secret of the Siddhas*, p. 2 (South Fallsburg, NY : SYDA Foundation, 1980) *Le secret des Siddhas*, Paris, Guy Trédaniel, 1983
6. Le lecteur qui souhaiterait des informations complé-

mentaires sur les sources historiques du yoga pourra consulter le fascinant ouvrage d'Alain Daniélou : *Shiva et Dyonisos* et celui de Mircea Eliade : *Yoga : Immortalité et liberté*, ainsi que : *The Mythic Image* et *Masks of God : Oriental Mythology*, de Joseph Campbell.

7. « Vismayo yogabhumikah. » (Ed. Jaidev Singh, *Siva-Sutra. The Yoga of Supreme Identity*, Delhi : Motilal Banarsidass, 1979, I.12)

Chap. 1 : LE SOI

1. *Chhandogya Upanishad*, VIII.3-2; traduit par l'auteur
2. « Chaitanyamatma » et « Tritayabhokta viresha » (Singh, *Siva-Sûtra*, I.1 et I.11)

Chap. 2 : L'ESPRIT

1. Swami Venkateshananda, trad., *Yoga Vasishtha* (Albany : State University of New York Press, 1984). Voir en particulier le début du Second Discours
2. Bhartrihari, *Vairagya-Satakam*, versets 70-71, traduit par l'auteur. On peut également consulter la traduction anglaise de Swami Madhavananda (Calcutta, Advaita Ashrama, 1976)
3. « Yogash chitta-vritti nirodhaha » (I.K. Taimni, trad., *The Science of Yoga (Yoga Sutras*, I.2, de Patañjali), Wheaton, IL., The Theosophical Publishing House, 1975)
4. Ceci nous rappelle à la fois l'Évangile de Jean (« Au commencement était le Verbe ») et la *Kabbale* juive où il est dit que l'univers a été créé à partir de l'alphabet
5. Les textes yoguiques ne font aucune distinction entre pensées et émotions. Nos pensées comme nos émotions, disent-ils, sont animées par l'énergie de ces paroles intérieures
6. Singh, *Siva-Sutras*, I.2
7. Swami Muktananda, *Siddha Meditation*, p. 46 (Oakland : SYDA Foundation, 1975)

8. Jaideva Singh, trad., *Vijnana Bhairava, or Divine Consciousness*, p. 63 (Delhi, Motilal Banarsidass, 1979)

Chap. 3 : LE MONDE

1. Jaideva Singh, trad., *Pratyabhijnahridayam, The Secret of Selfrecognition* (3ᵉ éd.), *Sutras* 5 et 9 (Delhi, Motilal Banarsidass, 1980)
2. « Nartakatma » (Singh, *Siva-Sutras*, III.9)
3. « Rango'ntaratma » (*Ibid.* III-10)
4. Jnaneshvar Maharaj, *Changadev Pasathi* (Lettre à Changadev), traduit par l'auteur.
5. *Ibid.*
6. *Ibid.*
7. Jnaneshvar Maharaj, *Amritanubhava* (Le nectar de la conscience du Soi), traduit par l'auteur

Chap. 4 : LE GURU

1. Bernard Malamud, *The Assistant*, p. 116 (New York, Dell Publishing Co., 1971)
2. Afin que nul ne puisse penser que cette relation Guru-disciple est considérée par le yoga comme accessoire, on se reportera aux Upanishads, textes sacrés dans lesquels la « philosophie » du yoga apparaît pour la première fois sous une forme écrite. Dans l'une des plus anciennes, la *Brihad Aranyaka*, composée aux alentours de 700 avant J.-C, un prêtre brahmane désireux de recevoir une direction spirituelle, s'adresse au roi de Bénarès : « Majesté, je vous prie de m'accepter comme disciple et de m'instruire au sujet de l'Absolu. » Heureux de sa requête, le souverain consent à instruire le prêtre et lui dit : « De même qu'une toile d'araignée est issue de l'araignée, ou qu'une étincelle jaillit du feu, de même toutes les énergies, tous les mondes, tous les dieux, tous les êtres, naissent du Soi. »

Il est révélateur que ce texte – le tout premier qui aborde le sujet du yoga – se présente sous la forme d'un dialogue entre un Guru et son disciple – car tels sont bien les rôles du roi et du brahmane. Il ne s'agit pas non plus d'un caprice de l'histoire; le terme même d'*Upanishad*, qui signifie « assis auprès avec dévotion », évoque cette association. La plus ancienne représentation graphique du yoga, figurant sur un sceau de Mohenjo-Daro, illustre cette définition : on peut y voir deux disciples, les mains jointes, agenouillés devant un Guru assis sur une estrade, en posture de lotus.

Il est également intéressant de noter que les *Upanishads* n'assimilent pas le yoga à une religion. Sinon, un prêtre en connaîtrait vraisemblablement les secrets; mais, comme le montre bien cette *Upanishad*, la sagesse du yoga n'est point connue des prêtres; elle est transmise par le personnage mystérieux et royal du Guru.

De toute évidence, Guru et yoga sont intimement liés, et cela depuis toujours.

3. Nicéphore le Solitaire (mort vers 1340; vécut au mont Athos, maître de saint Grégoire de Palamas), in E. Kadloubovsky et G.E.H. Palmer, éds, *Writings from the Philokalia on Prayer of the Heart*, p. 32 (London, Faber & Faber, 1951)

4. « Sri Guru Gita », *The Nectar of Chanting*, verset 23 (South Fallsburg, SYDA Foundation, 1983)

5. *Ibid.*, verset 62

6. Taimni, *Yoga Sutras*, I.26

7. Singh, *Siva-Sutras*, II.6

8. « Gururva parameshvari anugrahika shaktihi » (*Ibid.*, Commentaire de Kshemaraja sur le 6e sutra (*Siva-Sutras Vimarshini*)

9. « Sri Guru Gita », verset 110

10. Singh, *Siva-Sutras*, III.27-28

11. *Ibid.*, commentaire de Kshemaraja sur le sutra 28, p. 192

Chap. 5 : L'ÉNERGIE

1. Swami Muktananda, *Light on the Path*, p. 14 (So. Fallsburg, SYDA Foundation, 1981)
   Lumière sur le Chemin, Paris, Guy Trédaniel, 1987
2. *Singh, Pratyabhijnahridayam*, commentaire sur le sutra 1, p. 48
3. « Cette *spanda shakti* n'est pas différente de Shiva, parce que Shiva n'est pas différent de Shakti. Shiva et Shakti désignent la même Réalité, tout comme le feu et la chaleur ne sont pas deux choses différentes. » Swami Muktananda a traduit ce passage des « Écrits Spanda » dans son *Secret of the Siddhas*, p. 156 (So.Fallsburg, SYDA Foundation, 1980)
   Le Secret des Siddhas, Paris, Guy Trédaniel, 1982
4. *Kundalini Stavaha*, verset 1, (So.Fallsburg, SYDA Foundation, 1981)
5. Swami Muktananda, *Kundalini, Secret of Life*, p. 39 (So.Fallsburg, SYDA Foundation, 1979)
6. « Sri Guru Gita », verset 33
7. *Svetashvatara Upanishad*, verset 115

Deuxième partie : LES PRATIQUES DE JOIE

Chap. 6 : MANTRA ET CHANT : LE VÉHICULE

1. *Mandukya Upanishad*, verset 1, traduit par l'auteur
2. Singh, *Siva-Sutras*, II. 6-7
3. Joseph Chilton Pearce, *The Bond of Power* (New York, E.P. Dutton, 1981, pp. 140-1). L'information concernant Alfred Tomatis a été fournie par M. Pearce au cours d'une conversation avec l'auteur
4. Taimni, *Yoga Sutras*, II.44
5. Swami Muktananda, *Understanding Siddha Yoga*, vol. I, p. 100 (So.Fallsburg, SYDA Foundation, 1978)

Chap. 7 : LA MÉDITATION :
LE VOYAGE INTÉRIEUR

1. *Svetashvatara Upanishad*, II.13, p. 121 (Prabhavananda, *The Upanishads*)
2. *The Mahayoga Vijnana* (Pour plus de détails sur ce tournant dans la sadhana de Baba Muktananda, voir *Le Jeu de la Conscience*)
3. Swami Muktananda, *Play of Consciousness*, p. 107 *Le Jeu de la Conscience*, Paris, Guy Trédaniel, 1984
4. Swami Chidvilasananda, *Kindle My Heart*, un recueil de causeries de Gurumayi (So.Fallsburg SYDA Foundation, 1989) *Embrase mon cœur*, Paris, CMSY 1990
5. *Svetashvatara Upanishad*, II.11
6. Notez ce récit de Heinrich Suso, un mystique chrétien allemand du XIXe siècle (il parle de lui à la troisième personne) : « Un jour, tandis que le Serviteur continuait à se reposer, il entendit en lui une jolie mélodie qu'il trouva très touchante. Et, au moment où se levait l'étoile du matin, une voix profonde et douce chanta ces paroles avec lui : *Stella maria maris, hodie processit ad ortum.* " Marie, Étoile de la Mer, s'est levée aujourd'hui. " Et ce chant qu'il entendait était si spirituel et si doux que son âme en fut transportée et qu'il se mit lui aussi à chanter joyeusement... » p. 277 (Evelyn Underhill, *Mysticism*, New York, New American Library, 1974)
7. Edith Hamilton, *Mythology*, p. 13 (New York, New American Library, 1969 [1940]) Hamilton ajoute : « Triton était le hérault de la Mer. Il avait, en guise de trompette, un grand coquillage. C'était le fils de Poséidon et d'Amphitrite. » p. 38
8. Swami Muktananda, *Kundalini, Secret of Life*, p. 39

Chap. 8 : ÉTUDE ET SERVICE
LUMIÈRE SUR LE CHEMIN

1. *Chhandogya Upanishad*, IV.15.1, p. 68 (Prabhavananda, *The Upanishads*)

2. Swami Chidvilasananda, *Kindle My Heart* (So.Fallsburg, SYDA Foundation, 1989)
3. Swami Muktananda, *In the Company of a Siddha*, p. 142 (So.Fallsburg, SYDA Foundation, 1985)
   En compagnie d'un Siddha, Paris, Guy Trédaniel, 1981
4. Swami Muktananda, *Play of Consciousness*, p. 147.
5. Swami Chidvilasananda, *Kindle my heart*
6. T.S. Eliot, *Four Quartets*, p. 59 (San Diego, Harcourt Brace Jovanovich, 1971)

Chap. 9 : SATSANG :
LA COMPAGNIE DE LA VÉRITÉ

1. Hanumanprasad Poddar, trad., *Bhakti Sutras* (de Narada) (Orissa, Orissa Cement Ltd., n.d.), Sutra 38-40
2. Poème de l'auteur
3. Swami Muktananda, *I Have Become Alive. Secrets of the inner journey*, pp. 27-28 (So.Fallsburg, SYDA Foundation, 1985)
   J'ai trouvé la vie, Paris, Guy Trédaniel, 1987

Chap. 10 : LE SIDDHA YOGA DANS LE MONDE :
VICTOIRE ET RETOUR

1. *Yatha cha bhagavan vishvasharira :* « L'univers est le corps de Dieu ». (Cité par Swami Muktananda dans *Siddha Meditation*, p. 82)
2. Abhinavagupta écrivit plusieurs traités relatifs à l'esthétique, entre autres *Abhinava Bharati, Kautuka Vivarana* et certaines parties du *Tantraloka*
3. James Joyce, *A Portrait of the Artist as a Young Man*, p. 205 (21st éd, New York, Compass Books, Viking Press, 1956 [1916])
4. Taimni, *Yoga Sutras*, I.2 et I.37
5. Poème inconnu cité par Gurumayi Chidvilasananda à Manhattan, N.Y., le 13 mai 1986
6. Swami Muktananda, *Play of Consciousness*, p. 232
7. Swami Muktananda, *Siddha Meditation*, p. 45
8. Swami Chidvilasananda, *Kindle My Heart*

BIBLIOGRAPHIE CHOISIE

Les lecteurs qui souhaiteraient approfondir les sujets traités peuvent consulter les textes de base suivants.

En ce qui concerne les Écritures, j'ai mentionné les traductions et commentaires que je pense être les plus authentiques et les plus abordables.

Swami Muktananda, *Le Jeu de la Conscience*, Paris, Guy Trédaniel, *Transformation, vol. 3 : On Tour with Gurumayi Chidvilasananda*, so. Fallsburg : SYDA Foundation, 1988

TEXTES SCRIPTURAIRES

Bhagavad Gita. Traduite par Swami Nikhilananda, New York, Ramakrishna-Vivekananda Center, 1978

Bhakti Sutras : The Philosophy of Divine Love. Traduit par Hanumanprasad Poddar, Orissa, Orissa Cement Ltd., n.d.

« Sri Guru Gītā ». *Le Nectar du Chant*, Paris, CMSY

Mahanirvana Tantra : The Tantra of the Great Liberation. Traduit par Arthur Avalon (Sir John Woodroffe), New York, Dover Publications, 1972

Shiva Sutras : The Yoga of Supreme Identity. Traduit par Jaideva Singh, Delhi, Motilal Banarsidass, 1979

The Upanishads. Breath of the Eternal. Traduit par Swami Prabhavananda et Frederick Manchester, Hollywood, CA; Vedanta Press, 1978

Vairagya-Satakam, or The Hundred Verses on Renunciation de Bhartrihari. Traduit par Swami Madhavananda, Calcutta, Advaita Ashrama, 1976

Vijnana-Bhairava or Divine Consciousness. Traduit par Jaideva Singh, Delhi, Motilal Banarsidass, 1979

Yoga Sutras, de Patañjali. Voir *The Science of Yoga*. Traduit par I.K. Taimni. Wheaton, IL., The Theosophical Publishing House, 1975

Yoga Vasishtha. Traduit par Swami Venkateshananda, Albany, SUNY Press, 1984

Pour en savoir davantage sur le Siddha Yoga, vous pouvez écrire ou téléphoner à :

SYDA Foundation, P. O. Box 600, South Fallsburg, N.Y. 12779 (914) 434-2000

CMSY Paris, 24, rue Sainte-Croix-de-la-Bretonnerie, 75004 Paris 42 77 00 62

GLOSSAIRE

ABHINAVAGUPTA (993-1015) : exposant et commentateur du Shivaïsme du Cachemire; appartient à la lignée de Vasugupta et de Somananda.

ANAHATA NADA : la divine mélodie intérieure; le son « non frappé » perçu en méditation. Voir aussi Nada.

ANANDA : béatitude absolue.

ANAVA MALA : dans le Shivaïsme du Cachemire, une des impuretés, des limitations, qui provoque l'enchaînement du Soi universel et le réduit à la condition d'un individu limité; ignorance de notre véritable nature.

ASANA : a) mot sanskrit désignant une posture physique assise visant à fortifier le corps, purifier le système nerveux et développer la concentration mentale; b) siège, tapis, utilisé pour la méditation.

ASTRA : formule sonore utilisée comme une arme dont fait état le *Mahabharata*.

BAAL SHEM TOV (1700-1760) : instructeur et chef religieux ukrainien qui fonda le mouvement hassidique du judaïsme.

BÉNARÈS (Varanasi ou Kashi) : ville sainte consacrée à Shiva, située sur la rive gauche du Gange, en Inde du Nord.

BHAGAVAD GITA : la plus célèbre des Écritures de l'Inde, épisode en 700 versets du *Mahabharata* dans lequel le Seigneur Krishna instruit Arjuna sur les moyens d'atteindre la libération.

BHAKTI : amour divin, dévotion.

BHAKTI YOGA : la voie de la dévotion conduisant à l'union avec Dieu; amour et dévotion intenses envers Dieu et le Guru.

BHARTRIHARI : Poète indien du VIIᵉ siècle de notre ère. Souverain qui renonça à son royaume pour devenir yogi; auteur de nombreux poèmes spirituels.

BHUKTI : plaisirs mondains.

BRAHMAN : terme védique désignant la Réalité absolue, Dieu.

CHAITANYA : vivant, conscient.

CHAKRA : Lit. '' roue ''. Les centres d'énergie du corps humain.

CHIDVILAS : lit. « le jeu de la Conscience ».

CHIN MUDRA : position particulière de la main et des doigts qui permet de conserver l'énergie spirituelle dans le corps : les extrémités du pouce et de l'index se touchent tandis que les trois autres doigts sont tendus; se pratique pendant la méditation.

CHIT ou CHITI : énergie divine; aspect créateur de Dieu dépeint comme la Mère universelle.

CHITSHAKTI : a) le pouvoir d'autorévélation du Suprême; b) la Conscience universelle.

CONSCIENCE : l'énergie intelligente et autonome qui crée, habite et anime tout ce qui existe dans l'univers.

DARSHANA : lit. voir, vision. En Orient, désigne un système philosophique.

DEVAYANA PANTHA : la voie des dieux.

DHARANA : technique de concentration. Voir aussi *Vijnana Bhairava*.

DHARMA : devoir; justice.

FANA : lit. « décéder ». Terme soufi synonyme d'illumination, de nirvana.

GANGE : fleuve sacré de l'Inde qui prend sa source dans le versant méridional de l'Himalaya et traverse l'Inde du Nord.

GHI : beurre clarifié.

GILGAMESH : roi légendaire de Sumérie, héros des épopées sumérienne et babylonienne.

GRAND ÊTRE : voir Mahapurusha.

GURU : Maître spirituel qui s'est uni à Dieu; il initie les aspirants dans la voie spirituelle et les guide vers la libération.

GURU GITA : lit. « chant du Guru ». Texte sacré. Sous la forme d'un dialogue entre Shiva et Parvati, il explique que le Guru est identique à l'Absolu, expose la nature de la relation Guru/disciple, et la méditation sur le Guru.

GURUSEVA : voir Seva.

HATHA YOGA : l'un des huit yogas traditionnels où l'on atteint le samādhi en unissant les souffles interne et externe. Divers exercices physiques et mentaux sont proposés afin d'égaliser le souffle et, ce faisant, d'obtenir le silence mental.

JADA : inerte; mort.

JAPA : répétition d'un mantra, habituellement silencieuse.

JNANA YOGA : la voie de la connaissance; yoga qui permet d'atteindre la sagesse suprême au moyen de l'investigation intellectuelle.

JNANESHVAR (1275-1296) : saint-poète du *Maharashtra* dont le commentaire sur la *Bhagavad Gita* – le *Jnaneshvari* – est considéré comme une des œuvres les plus importantes de la littérature spirituelle.

KABIR (1435?-1518) : saint-poète de l'Inde qui était tisserand à Bénarès. Ses disciples étaient aussi bien hindous que musulmans, et il contribua largement à vaincre le sectarisme.

KARMA : action physique, mentale ou verbale; résultats d'une telle action.

KAURAVAS : l'un des deux clans qui s'affrontent dans l'épopée du *Mahabharata*.

KIRTAN : chant de dévotion consistant à répéter les noms divins.

KOAN : question ou formule qui, dans le bouddhisme *zen*, fait l'objet d'une réflexion méditative conduisant à un instant de révélation, d'illumination.

KRIYA : mouvement purificateur produit par la Kundalini Shakti éveillée, soit au niveau grossier (physique) ou subtil (mental, émotionnel). Les kriyas purifient le corps et le système nerveux du chercheur, afin que ce dernier puisse supporter l'intensité des états de conscience supérieurs.

KULARNAVA TANTRA : traité de yoga; texte fondamental de l'école tantrique Kaula, dans l'Inde du Nord.

KUNDALINI : lit. « l'enroulée ». La Shakti primordiale, l'énergie cosmique, qui repose, enroulée sur elle-même, dans le muladhara chakra. Quand elle est éveillée, la Kundalini commence à s'élever à l'intérieur de la sushumna, le canal central subtil, et perce au passage les différents chakras, engendrant divers processus yoguiques qui purifient et régénèrent l'être tout entier. Quand elle se fond dans la sahasrana, le centre spirituel du sommet de la tête, le moi individuel se dissout dans le Soi universel et l'on atteint l'état de Réalisation.

KUNDALINI YOGA : l'un des huit yogas traditionnels, dans lequel l'aspirant éveille la Kundalini Shakti et la fait monter à travers les chakras du corps subtil.

LAKSHMANA : frère du Seigneur Rama.

LAKSHMI : déesse de l'abondance et de la prospérité, épouse de Vichnou.

LAYA YOGA : yoga qui conduit au samadhi par absorption du mental dans les lumières ou les sons intérieurs.

LILA : le jeu divin. Souvent les textes yoguiques déclarent que la création est la lila, le jeu de Dieu.

MAHA : grand.

MAHABHARATA : épopée composée par le sage Vyasa qui met en scène les luttes de deux clans pour la possession d'un royaume. Texte foisonnant, entrecoupé de multiples histoires, il contient entre autres les enseignements définitifs au sujet de l'action juste (dharma).

MAHAPURUSHA : lit. « grand être ». Titre de respect désignant un saint homme.

MAHARAJA : mot sanskrit signifiant *grand roi*.

MAHAYOGA : lit. « grand yoga », car il inclut les huit yogas traditionnels. Synonyme de Siddha Yoga.

MAHIMNA : hymne.

MANTRA : formule sacrée possédant le pouvoir de transformer et de protéger celui qui la répète.

MANTRA MALA : mantra chantés les uns à la suite des autres et formant un tout.

MANTRA-VIRYA : le « JE » parfait, source de l'efficacité des mantras; conscience de Shiva.

MATRIKA : lettre ou syllabe sonore qui est à l'origine de tous les mots, et par conséquent de toute connaissance.

MAYA : pouvoir par lequel l'irréel semble réel et le provisoire éternel; dans le Vedanta, la cause du monde, ou mieux, l'apparence illusoire de ce monde.

MOHINI : forme prise par Vichnou.

MUDRA : lit. « donner de la joie ». Dans le hatha yoga, désigne certaines positions des mains et des doigts.

MULADHARA CHAKRA : centre spirituel situé à la base de la colonne vertébrale et dans lequel la kundalini est assoupie.

NADA : le son non frappé perçu en méditation.

NADI : canal subtil du corps dans lequel circule le prana.

NARADA : rishi divin, grand adorateur et grand serviteur de Dieu. Il apparaît dans les Purāna et est l'auteur des *Narada Bhakti Sutras*, le texte de référence sur le bhakti yoga.

NYASA : technique spirituelle ésotérique dans laquelle on insuffle du prana dans les chakras et le corps subtil.

OM : syllabe sacrée. Le son primordial; son ou vibration d'où émane l'univers entier. C'est l'essence de tous les mantras.

OM NAMAH SHIVAYA : mantra signifiant « Salutations à Shiva ». Shiva désigne le Soi intérieur. On le considère comme le grand mantra rédempteur, car il a le pouvoir d'accorder le succès aussi bien dans la vie ordinaire que dans la vie spirituelle.

PANDAVA : l'un des deux clans ennemis de l'épopée du *Mahabharata*.

PARAMAHAMSA : lit. « cygne suprême ». Titre honorifique donné à un Maître réalisé.

PATANJALI : grand sage indien, auteur des *Yoga Sutras*.

PERLE BLEUE : minuscule point de lumière scintillante perçu en méditation, et parfois les yeux ouverts, par ceux dont l'énergie spirituelle a été éveillée. Les textes sacrés et les saints l'appellent lumière du Soi intérieur.

PITRULOKA : le monde des ancêtres.

PRANA : énergie vitale.

PRANAYAMA : exercices respiratoires permettant d'obtenir la maîtrise du prana.

PRASAD : a) don venant de Dieu ou ayant été spécialement béni; b) nourriture consacrée.

PRATYABHIJNAHRDAYAM : lit. « le cœur de la doctrine de la reconnaissance ». Texte composé de vingt sutras sur le Shivaïsme du Cachemire avec des commentaires de Kshemaraja.

PUJA : rituel d'adoration de l'image sacrée.

RAJA YOGA : le yoga aux huit membres ou degrés, visant à la purification et à la maîtrise de l'esprit, grâce à quoi on réalise le Soi.

RASA : mot sanskrit désignant la quintessence du goût. Suc; élixir.

RUDRAM : hymne védique en l'honneur de Rudra (Shiva).

SADGURU : vrai Guru; Maître divin. Voir aussi Guru.

SADHANA : ensemble d'exercices spirituels.

SAHASRARA : centre spirituel aux mille pétales situé au sommet de la tête; il correspond aux états de conscience supérieurs.

SAHAJA SAMADHI : samadhi spontané et ininterrompu, qui se poursuit dans les états de veille, de rêve et de sommeil profond.

SAMADHI : union avec l'Absolu obtenue en méditation profonde. Mode de contemplation réalisant l'union du sujet et de l'objet, et devant conduire à l'arrêt des activités de la pensée.

SAMKHYA : importante école philosophique fondée par le sage Kapilamuni; elle déclare que le monde est fait de deux réalités ultimes : l'esprit (purusha) et la matière (prakritī).

SAMSARA : cycle des morts et des renaissances; illusion du monde.

SAMSKARA : trace laissée dans le subconscient par une action ou une pensée.

SANKALPA : pensée, volonté.

SAPTAH : chant ininterrompu qui peut se poursuivre jusqu'à sept jours consécutifs.

SATCHITANANDA : nature de la suprême Réalité. Sat est la vérité, l'être, ce qui existe de tout temps, en tout lieu et en toute chose. Chit est la conscience, ce qui éclaire toute chose, à tout moment et en tout lieu. Ananda est la béatitude absolue.

SATSANG : lit. « compagnie de la Vérité ». Réunion de

disciples comportant la lecture de textes sacrés, une séance de chant, et parfois tenue en présence d'un saint. Compagnie des saints et des disciples.

SEVA : service désintéressé offert au Guru.

SHAKTI (ou encore Chiti, Kundalini, Kundalini Shakti) : énergie divine qui projette, anime et résorbe l'univers; elle produit une évolution spirituelle chez la personne en qui elle est éveillée.

SHAKTIPAT : transmission d'énergie spirituelle (Shakti) de Guru à disciple. Eveil spirituel conféré par la grâce.

SHANKARACHARYA (788-820) : l'un des plus grands philosophes et sages de l'Inde, qui exposa le système du non-dualisme absolu (Advaita Vedanta). Il fonda des monastères aux quatre coins de l'Inde.

SHANTARASA : lit. « saveur de paix ».

SHIVA : nom donné à la suprême Réalité omniprésente. L'un des membres de la Trinité hindoue; Dieu sous sa forme destructrice. Son aspect personnel est celui d'un yogi vêtu d'une peau de tigre, un trident à la main et des serpents enroulés autour du cou et des bras.

SHIVA SUTRAS : texte sanskrit révélé par Shiva au sage Vasuguptacharya. Il se compose de soixante-dix-sept sutras, qui furent découverts gravés sur un rocher au Cachemire. C'est sur lui que se fonde l'école philosophique du Shivaïsme du Cachemire.

SHIVAÏSME DU CACHEMIRE : philosophie non-dualiste qui reconnaît en l'univers entier la manifestation de Chiti, l'énergie divine consciente.

SIDDHA : yogi parvenu à la perfection. Celui qui est parvenu au plus haut état de conscience et s'est uni avec l'Absolu.

SUSHUMNA : la plus importante des 72 000 nadis, située au centre de la colonne vertébrale et s'élevant depuis la base de l'épine dorsale jusqu'au sommet du crâne. C'est en elle que sont situés les six chakras et que s'élève la Kundalini. Voir aussi : chakra, Kundalini, nadi.

SUTRA : traité sanskrit, où le rituel, la morale, les prescriptions relatives à la vie quotidienne sont exposés en aphorismes. Formules concises.

SWADHYAYA : chant, récitation des Écritures, des textes sacrés.

SWAMI : moine.

TANDRA : état de méditation ressemblant au sommeil profond, qui s'accompagne souvent de visions, de prémonitions, de voyages astraux et d'autres expériences surnaturelles.

UPANISHADS : enseignements des anciens sages qui forment la dernière partie des *Vedas*, celle consacrée à la connaissance. Leur enseignement primordial est que le Soi de l'être humain est identique à Brahman, l'Absolu. La vie a pour but de réaliser cette Vérité.

VEDANTA : école philosophique fondée par Badarayana et qui reprend les enseignements philosophiques des *Upanishads;* elle examine la nature de l'Absolu, du monde et du Soi et la relation qui les unit. (Unité du Soi individuel et du Soi universel.)

VIJNANA BHAIRAVA : texte important du Shivaïsme du Cachemire exposant cent douze *dharanas* (techniques de concentration) grâce auxquels on peut réaliser l'Absolu.

VILAS : lit. « jeu ».

VICHNOU : le Seigneur suprême. L'un des membres de la Trinité hindoue, représentant l'aspect nourricier de Dieu.

VYASA : grand sage de l'Antiquité, compilateur des *Vedas* et des *Puranas*, auteur du *Mahabharata*.

YOGA : lit. « union ». L'état d'unité avec le Soi, Dieu. Pratiques qui conduisent à cet état, visant la maîtrise de l'esprit et du corps.

YOGANIDRA : l'état de tandra, appelé également sommeil yoguique.

YOGA-SUTRAS : texte fondamental du raja yoga, composé par le sage Patañjali.

YOGI : ascète qui pratique le yoga.

YUGA : chacun des âges du monde, dans la cosmologie hindoue. Les Écritures parlent d'un cycle de quatre âges, chacun durant des centaines de milliers d'années; nous vivons actuellement dans le kali-yuga, « L'Âge sombre ».

« Ce livre unique en son genre est un ouvrage que je ne saurais trop recommander, dans lequel Hayes nous décrit d'une manière étonnamment claire et parfaitement intelligible la relation qui existe entre l'humain et le divin : il nous montre comment chacun de nous peut établir cette relation et découvrir grâce à elle son Moi supérieur. Voici un livre de chevet pour l'époque à venir, qui sera l'Age de la Méditation. »

Joseph Chilton Pearce, auteur de *Crack in the Cosmic Egg*[1] et de *L'Enfant magique.*

« *Je sentis à trois reprises une légère pression entre les sourcils. Puis à la base de ma colonne vertébrale, ce qui me parut être une spirale de lumière déroula ses anneaux; quand elle atteignit le sommet du crâne, elle éclata en gerbes de félicité. Une merveilleuse énergie se répandit dans tout mon corps, engendrant des vagues de béatitude. J'étais dans l'état de celui qui tombe amoureux, mais comme rien ne faisait l'objet de cet amour, cet état se prolongeait indéfiniment.* »

Voici un récit authentique et coloré d'un chercheur spirituel contemporain engagé dans une voie traditionnelle. Bien qu'il prenne parfois l'apparence d'un roman d'aventure, il constitue également une magnifique introduction à la philosophie orientale, un aperçu fascinant de la relation guru-disciple et un guide détaillé du Siddha Yoga; on y trouve certaines pratiques autrefois tenues secrètes et que tout aspirant peut désormais utiliser au cours de sa quête intérieure, et cela quelle que soit la tradition à laquelle il se rattache.

L'Aventure suprême nous parle d'un chemin qui nous emmène dans les profondeurs de notre être, là où se trouve la perfection. Comme nous le dit le maître Siddha Bhagavan Nityananda : « Ton cœur est le centre autour duquel gravitent tous les lieux saints; c'est là que tu dois te rendre. »

1. A paraître aux Editions J'ai lu en 1991.

REMERCIEMENTS

En plus des nombreuses personnes dont les réflexions et les récits figurent dans ces pages, l'auteur aimerait remercier celles qui l'ont aidé dans la préparation de ce livre : Ellen Berliner, Cynthia Briggs, Barbara Hamilton, Hemananda, Swami Shantananda, Lise Vail, Annie de Pardieu et Swami Shaktananda pour leur aide dans la traduction française, et tout spécialement ma femme, Patti Hayes.

P.H.

J'AI LU NEW AGE

Les Nouvelles Clés du Mieux-être

Aventure Mystérieuse

Littérature extrait du catalogue

Cette collection est d'abord marquée par sa diversité : classiques, grands romans contemporains ou même des livres d'auteurs réputés plus difficiles, comme Borges, Soupault. En fait, c'est tout le roman qui est proposé ici, Henri Troyat, Bernard Clavel, Guy des Cars, Frison-Roche, Djian mais aussi des écrivains étrangers tels que Colleen McCullough ou Konsalik.

Les classiques tels que Stendhal, Maupassant, Flaubert, Zola, Balzac, etc. sont publiés en texte intégral au prix le plus bas de toute l'édition. Chaque volume est complété par un cahier photos illustrant la biographie de l'auteur.

2849

Impression Brodard et Taupin
à La Flèche (Sarthe) le 18 juillet 1990
6290C-5 Dépôt légal juillet 1990
ISBN 2-277-22849-4
Imprimé en France
Editions J'ai lu
27, rue Cassette, 75006 Paris
diffusion France et étranger : Flammarion